Heike Wendler

Der Stille sanftes Licht

12 neue Rauhnacht-Geschichten

Heike Wendler

Der Stille sanftes Licht

★

12 neue Rauhnacht-Geschichten

Bibliografische Information der Deutschen Nationalbibliothek
Die Deutsche Nationalbibliothek verzeichnet diese Publikation in
der Deutschen Nationalbibliografie; detaillierte bibliografische Daten
sind im Internet unter http://dnb.d-nb.de abrufbar.

Besuchen Sie uns im Internet:
www.st-benno.de

Gern informieren wir Sie unverbindlich und aktuell auch in unserem Newsletter zum Verlags-
programm, zu Neuerscheinungen und Aktionen. Einfach anmelden unter www.st-benno.de.

ISBN 978-3-7462-5962-8

© St. Benno Verlag GmbH, Leipzig
Umschlaggestaltung: Rungwerth Design, Düsseldorf
Covermotiv: © stock.adobe.com/Володимир Гончарук
Gesamtherstellung: Kontext, Dresden (A)

Inhaltsverzeichnis

1. Maries Traum von der Handtasche

„Was hast du denn nun schon wieder entdeckt?", fragte Daniel grinsend und stupste seine Frau Marie liebevoll an. Es war Heiligabend und sie waren auf dem Weg zum Gottesdienst. Traditionell spielten um 21 Uhr die Blechbläser auf, bevor die eigentliche Christmette pünktlich um 22 Uhr begann. Sie waren früh dran, man kannte sich in der Gemeinde, der beide seit ihrem Umzug vor neun Jahren angehörten, und sie wollten genügend Zeit haben, alle zu begrüßen und gute Wünsche sowie kleine Geschenke auszutauschen.

„Hallo? Erde an Marie – hörst du mich?", witzelte Daniel, da Marie keine Regung zeigte.

„Schau doch mal, Schatz", flüsterte Marie und deutete auf eine in Daniels Augen eher unscheinbare beigefarbene Handtasche in der Mitte eines weihnachtlich dekorierten Schaufensters. Ehe Daniel sich eine Meinung dazu bilden oder überlegen konnte, wie er sein gefühltes „Hm, na ja" weniger gleichgültig klingen lassen könnte, fiel sein Blick auf das Preisschild daneben. „1480 Euro? Für eine Handtasche?", entfuhr es ihm.

„Das ist ein Designerstück und ein Klassiker", stellte Marie in einer Tonlage fest, die ganz blümerante Gefühle in ihm auslöste. Sie klang wie damals, als sie das kleine Tischchen in der Toskana bei einem Olivenölhändler entdeckt und den dann auch überredet hatte, es ihr zu verkaufen. Sie mussten den Wagen vier- oder fünfmal umräumen, bis das sperrige Teil hineinpasste.

„Oh, nun ja, aber ehrlich, Schatz, das ist trotzdem nur eine Handtasche", stotterte er. „Und der Preis ist auch, sagen wir mal, sehr stolz."

„Echt Leder", betonte Marie und riss ihren Blick los. „Ich weiß doch, es ist nur eine Handtasche und eigentlich sind mir Designer ziemlich egal, aber sie sieht so unglaublich perfekt aus. Außerdem sind sie super selten. Man sieht sie so gut wie nie in einem Schaufenster." Sie warf einen Blick auf ihre Armbanduhr, das Weihnachtsgeschenk ihres Mannes, und lächelte. „Die Uhr ist ein Traum, mein Liebling. Und sie sagt mir, dass ich aufhören sollte rumzutrödeln. Komm, lass uns gehen."

Sie schlenderten zur Kirche, wo Marie schnell auf andere Gedanken kam. Trotzdem konnte sie nicht anders, als auf dem Heimweg noch einen wehmütigen Blick ins Schaufenster zu werfen.

„Sag nichts", brummte sie. „Ich weiß, dass der Preis völlig inakzeptabel ist. Trotzdem darf ich sie ja wohl noch schön finden."

„Du darfst sie gern so schön finden, wie du willst", lächelte Daniel. Er wusste schließlich ganz genau, dass seine Marie im Grunde sehr wenig Wert auf Statussymbole wie Designerhandtaschen oder besondere Labels bei Kleidung legte. Und das war auch gut so.

Trotzdem bekam aller Vernunft zum Trotz Marie die Tasche nicht aus dem Kopf.

„Vielleicht wünschst du dir das Teil ja zu deinem 50. Geburtstag nächstes Jahr?", schlug ihre Tochter Isabella vor. „Ich muss mir das gute Stück nachher unbedingt mal ansehen. Welches Geschäft war es denn?"

Nur zu gern beschrieb Marie ihrer Tochter nicht nur das Geschäft, sondern auch die Handtasche in allen Einzelheiten. Daniel ahnte wirklich Böses. Am nächsten Morgen berichtete Marie, dass sie sogar von der Tasche geträumt hatte.

„Ich ärgere mich ja gar nicht so sehr darüber, dass sie so teuer ist oder ich sie mir nicht kaufen kann oder will, sondern darüber, dass mir das blöde Ding einfach nicht aus dem Kopf geht. Und ich sogar nachts davon träume!"

Ihre Empörung über sich selbst war so echt, dass Daniel nicht anders konnte, als Marie zärtlich in den Arm zu nehmen. „Jeder hat Träume, mein Schatz. Bei mir ist es der Wunsch nach einem schönen großen Jeep, der mich immer mal wieder überkommt, obwohl ich ganz genau weiß, dass so ein Wagen nicht nur viel zu teuer und aus ökologischer Sicht völlig inakzeptabel ist, sondern auch total unpraktisch wäre, vor allem wenn es um die Parkplatz-suche geht."

„Ach, Mama", sagte Isabella schmunzelnd. „Das sind die Rauh-nächte. Da sind die Grenzen zwischen den Welten fließend und es kommen Dinge zum Vorschein, die sonst verborgen bleiben. Aber andererseits sagt man ja auch, dass das, was man in den Rauh-nächten träumt, im nächsten Jahr wahr wird. Und somit besteht ja durchaus Hoffnung, dass du deine Traumtasche doch noch bekommst."

„Darf ich dich daran erinnern, dass deine Mutter im April Ge-burtstag hat und nicht im Februar?", schmunzelte Daniel. „Ich habe nämlich auch in Sachen Traditionen und Brauchtum meine Hausaufgaben gemacht, und wenn ich mich recht erinnere, steht die zweite Rauhnacht für die innere Stimme und den Monat Fe-bruar."

„Also das mit der inneren Stimme könnte zumindest gut passen", parierte Isabella. „Mamas innere Stimme sagt ganz deutlich: ‚Ich will diese Handtasche', oder?"

„Nun hört aber auf!", unterbrach Marie lachend das Geplänkel ihrer Lieben. „Es gibt bitte keiner so viel Geld für eine Handtasche zum Geburtstag für mich aus. Und auch sonst nicht, verstanden?"

„Was ich dir zum Geburtstag schenke und wie viel es kostet, das entscheide immer noch ich", sagte Daniel und zog die Augen-

brauen hoch. „Wobei ich zugeben muss, dass ich für diesen stolzen Preis auch eher ein edles Schmuckstück erwerben würde und keine schnöde Handtasche, egal wie berühmt sie oder der Designer auch sein mag."

„Schluss jetzt!", forderte Marie lachend. „Es reicht mit dem Thema. Lasst uns lieber überlegen, was wir bei dem Wetter machen", sie zeigte auf den aufkommenden Wintersturm draußen, der heftig an den Ästen der großen Eichen vor ihrem Wohnzimmerfenster rüttelte. „Mit einem Spaziergang wird das wohl eher nichts."

„Das ist die Wilde Jagd", kicherte Isabella. „Auch so ein Rauhnachts-Ding. Ganz schön abgefahren, woran man früher so geglaubt hat. Und da sag mal noch einer, nur Hollywood könnte sich Gruselfilme ausdenken."

„Die Menschen vor ein paar hundert Jahren waren ja nicht dümmer als wir, viele Naturgesetze waren halt nicht so erforscht. Schulbildung im großen Stil wie heute gab es nicht, klar dass die sich vor allem gefürchtet haben, was sie sich nicht erklären konnten", gab Marie zu bedenken. „Und manche dieser alten Überlieferungen haben sich ja bis heute erhalten. Meine Mutter wäscht zwischen Weihnachten und dem Dreikönigstag keine Wäsche, das bringt Unglück, sagt sie."

„Stimmt", gab Daniel zu. „Jetzt, wo du es sagst, meine Mutter und Großmutter machten das auch nie. Es steckt wohl mehr von den alten Geschichten in uns, als wir als aufgeklärte Menschen des 21. Jahrhunderts wahrhaben wollen."

Marie erhob sich und räumte das Geschirr weg, damit war das Thema Rauhnächte und Handtasche dann auch endgültig für sie erledigt.

Sieben Wochen später, Mitte Februar, bereitete Marie wie jedes Jahr mit den Kommunionkindern einen Basar im Gemeindesaal vor. Und wie jedes Jahr hatte sie die Eltern der Kommunionkinder gebeten, auf dem Speicher oder in den Kellern nach möglichst originellen Gegenständen zu fahnden, die man gewinnbringend verkaufen könnte. Alle Kinder waren mit Feuereifer dabei. Es fanden sich mehrere kleine Spieluhren an sowie alte Bilderrahmen, die Daniel in mühevoller Kleinarbeit reparierte, um sie in einen verkaufsfähigen Zustand zu bringen. Auch Spielsachen der Kinder waren darunter und Babyausstattungsteile. Marie war ganz entzückt, als sie die kleinen Strampelanzüge und Söckchen aus der Waschmaschine zog, denn selbstverständlich wollte sie nur Sachen anbieten, die sauber und wirklich in Ordnung waren. Von dem Erlös, so ihr Plan, wollte sie einen ganz besonders schönen Ausflug mit den Kindern unternehmen, dafür einen Bus anmieten und vielleicht sogar noch mit ihnen hinterher Pizza essen gehen.

„Ich habe noch einen reizenden Kinderstuhl auf dem Speicher, aber er ist ziemlich schwer und unhandlich", riss Luisa, die Mama ihres Kommunionkindes Aurelia, sie aus den Gedanken.

„Kein Problem, ich komme vorbei und helfe dir", versprach Marie. Und einmal vor Ort, half sie nicht nur dabei, den wirklich massiven Holzstuhl vom Speicher nach unten zu bugsieren, sondern die beiden nutzten auch gleich die Gelegenheit, den Dachboden auszumisten und aufzuräumen. Sie füllten zwei weitere blaue Säcke mit Gegenständen, die sich gut für den Basar eigneten, und vier weitere mit Dingen, die nur noch entsorgt werden konnten. Recht weit hinten in der rechten Ecke des Dachbodens entdeckte Marie eine schöne Holztruhe.

„Oh, jetzt hast du meine ‚Schatzkiste' entdeckt", lachte Luisa. „Hier drin horte ich Dinge, die mir einfach zu schade sind, um sie wegzuwerfen oder einem Basar zu stiften. Früher, als der Speicher noch nicht so voll war, habe ich öfter hineingeschaut und – bitte verrate mich nicht – so manches originelle Geburtstagsgeschenk für eine liebe Freundin oder Nachbarin zutage befördert. Wollen wir mal einen Blick riskieren? Ich habe da schon ewig nicht mehr reingeschaut", kicherte Luisa und öffnete die Truhe. Der Inhalt sah unberührt aus. Ganz oben lag ein Seidenschal. „Sehr hübsch, habe ich mal von einer Großtante bekommen. Sie steht auf diese Erdfarben.

Ich aber leider so gar nicht, ich mag es lieber bunt und knallig. Und hier, schau mal, die Tasche hat das gleiche nichtssagende Beige. Und der Stil ist auch total langweilig. Kein Vorfach, keine Schnörkel, kein Nichts." Laura beförderte die darunterliegende Handtasche zutage und Marie traute ihren Augen nicht. „Das ist doch eine Birkin Bag!", flüsterte sie. „Ist das nicht die, die Weihnachten im Schaufenster in der kleinen Boutique am Neumarkt hing?"

Laura schüttelte den Kopf. „Nein, das glaube ich nicht. Diese liegt hier bestimmt schon drei Jahre drin. Auch von meiner Großtante. Die hat sie mir mal aus Paris mitgebracht. Hatte ich nicht erzählt, dass sie früher für so ein internationales Modemagazin gearbeitet hat? Da stand sie praktisch auf Du und Du mit der ganzen Designerelite und hat das auch überall lang und breit erzählt. Es würde mich jetzt nicht wundern, wenn das ein echtes Designerteil ist. Aber schöner wird sie davon halt auch nicht, sie bleibt beige und langweilig."

„Nein", hauchte Marie. „Sie ist wunderschön. Ganz klassisch und dezent und sehr stilvoll."

„Dann nimm sie dir doch mit, wenn sie dir so gefällt. Du siehst doch, hier liegt sie nur rum. Ich will sie nicht, egal wie teuer und welche Marke, sie gefällt mir nicht. Sieh es einfach als Dankeschön für deine Mühe, nicht nur heute. Sonst hilft mir jedenfalls niemand freiwillig beim Aufräumen."

Marie drückte gerührt erst Luisa, dann die Tasche ganz fest an sich. Und später, als sie daheim voller Freude davon erzählte, war ihr auch Daniels Gespött von sich erfüllenden Rauhnachtszaubern egal. Im Gegenteil, dachte sie, wer sagt eigentlich, dass das alles Humbug ist? Und wer weiß, vielleicht hatten wirklich uralte Rauhnachtsgeister dabei geholfen, dass sie und ihre Traumtasche zueinander fanden. Marie fand nichts Schlimmes daran. Luisa freute sich über viel Platz auf ihrem Speicher und darüber, ihr eine Freude bereitet zu haben. Und sie selbst war einfach nur glücklich. So waren am Ende alle zufrieden.

2. Das Wunder der Frau Perchta

Irgendwann, irgendwo saß ein junges Mädchen in einem alten Bauernhaus am Rande des Dorfes an einem Holztisch. Martha lauschte auf das Heulen des Winterwindes, der die Fensterläden klappernd gegen die Rahmen schlagen ließ. Er war nicht gekommen, dachte sie. Auch heute nicht. Dabei hatte ihr Vater fest versprochen, vor dem Jahreswechsel wieder zu Hause zu sein. Der Winter war keine gute Zeit für die Bauern. Auf den Feldern gab es in diesen Tagen nichts zu tun, und den Menschen blieb nur, ihren Vorräten beim Schwinden zuzusehen, während sie die nötigen Reparaturarbeiten ausführten. Marthas Vater war nach den Weihnachtsfeiertagen aufgebrochen, um einige Ersatzteile beim Schmied in der nächstgrößeren Gemeinde anfertigen zu lassen, und nutzte die Zeit, die er dort auf die Herstellung warten musste, um sich als Handwerker ein paar Taler dazuzuverdienen.

Draußen frischte der Wind weiter auf und Martha spürte, wie ihr unwillkürlich die überlieferten Geschichten von Rauhnachtsgeistern in den Sinn kamen. Natürlich hatte sie, wie alle anderen auch, in der Sonntagsschule gelernt, dass es sich dabei um einen alten Aberglauben handelte. Doch vor allem die Großmutter und die alte Tante glaubten fest daran und sorgten so dafür, dass Martha sich unwillkürlich vor den Rauhnächten gruselte. Die Grenze zwischen der Welt der Lebenden und der Toten war fließend in dieser Zeit. Und meist, so ihre Großmutter, war es nicht das Gute und Schöne, was da in ihre Welt herüberkam. Es waren eher die Seelen der Geplagten und Gequälten, die keine Ruhe fanden und die Menschen heimsuchten.

„Aber Frau Perchta sorgt auch dafür, dass den Guten geholfen wird und die Schlechten bestraft werden", hatte ihr die Großmutter dabei stets versichert. Martha seufzte. Ihre Mutter war oben in der kleinen Schlafkammer der Großmutter, die mit einem bösen Fieber darniederlag. Seit Tagen schon verschlechterte sich ihr Zustand und Martha hatte wirklich Angst um sie. Schließlich hatte die Großmutter auch schon seit vorgestern nicht mehr viel gegessen. Draußen stand der Vollmond besonders hell und leuchtend am Himmel und während Martha ihn betrachtete, fielen ihr noch mehr Geschichten ein, die ihre Großmutter so gern erzählte. Sie erinnerte sich an eine Art Ritual, welches Krankheiten vertreiben sollte. Martha überlegte einen Moment, dann hatte sie eine Idee, wie sie ihrer geliebten Großmutter vielleicht helfen könnte. Auf Zehenspitzen schlich sich Martha in die Küche und von dort aus in die Speisekammer. Ihre Mutter und ihre Großmutter hatten gut vorgesorgt, es war noch genug von deren selbst gefertigter Räuchermischung vorhanden, mit der sie in diesen Tagen das Haus ausräucherten, um Unbill fernzuhalten. Die Frauen hatten im letzten August an Mariä Himmelfahrt die Kräuter und Heilpflanzen auf den Wiesen und im Wald gesammelt und sie sorgsam getrocknet. Das war Tradition in ihrer Familie. Martha schüttete eine Handvoll der Mischung in ein Tuch und faltete es vorsichtig zusammen. Ihr Entschluss stand fest. Leise stahl sie sich zur Haustür, ihre warme Jacke und einen dicken Schal gegen die Kälte eng an sich gedrückt. Bei Vollmond und im Schein einer kleinen Kerze, so überlegte sie, war die Waldlichtung unten nahe der Quelle gut zu finden. Dorthin machte sie sich auf den Weg. Langsam lief sie durch den Wald, der direkt hinter ihrem Elternhaus begann. Trotz des Vollmondes war es viel dunkler, als sie es sich vorgestellt hatte. Vorsichtig setzte sie einen Fuß vor den anderen, die Kerze flackerte in ihrer Hand. Das Knacken der Zweige ließ ihr Schauer über den Rücken laufen, in der Ferne hörte sie einen Vogel flattern, doch sonst wirkte der Wald wie

ausgestorben. Martha spürte ihr Herz heftig pochen, doch sie ging tapfer weiter. Nach einer geraumen Weile erreichte sie die alte Feuerstelle an der Waldlichtung. Der Vollmond schien direkt über ihr und sein kalt-weißes Licht ließ die kleineren Bäume unheimliche Schatten werfen. Martha überlegte einen Moment, dann stellte sie die Kerze ab und sammelte ein paar dünne Zweige, um ein Feuer damit zu entfachen. Es dauerte eine Weile, bis die ersten kleinen Flämmchen das Reisig zum Knistern brachten. Konzentriert schürte Martha die zarten Flammen, bis sie ihr kräftig genug erschienen, das Räucherwerk zu verbrennen. Vorsichtig ließ sie die Kräutermischung ins Feuer rieseln und schloss die Augen. Der unverwechselbare Räucherduft stieg ihr in die Nase und waberte in Schwaden über ihren Kopf hinweg Richtung Sternenhimmel. Leise flüsterte Martha ihre Bitte an die guten Rauhnachtsgeister: „Macht meine Großmutter bitte wieder gesund", flehte sie immer lauter werdend, „und bringt mir den Vater heil wieder heim." Diese Bitten wiederholte sie wieder und wieder, doch eine Antwort hörte sie trotz der Stille um sich herum nicht. Dafür knackte es hinter ihr unheimlich. Martha schüttelte auch die letzten Reste der Kräutermischung aus dem Tüchlein. „Bitte, liebe Rauhnachtsgeister, bitte, liebe Frau Perchta, erhört mein Flehen", bat sie. Doch statt einer Antwort vernahm sie nur ein weiteres Knacken, dann tatsächlich Schritte hinter sich. Erschrocken fuhr sie auf. „Hallo?", rief sie ängstlich in den Wald hinein. „Ich bin es nur", rief es zurück und aus dem Unterholz näherte sich eine altersgebückte Gestalt. Eine Frau, wie Martha im Schein des Feuers erkannte. Die Alte kraxelte mit einer erstaunlichen Behändigkeit durchs Unterholz. Sie stieg über einen Baumstumpf hinweg und kam auf Martha zu, die sie wie gebannt anstarrte. „Dein Feuer geht aus, Mädchen", mahnte die Frau und bedeutete ihr, es wieder anzufachen. Martha gehorchte ihr. Dabei wunderte sie sich, denn sie hatte die Frau noch nie zuvor gesehen, und Fremde verirrten sich normalerweise nicht in diese

Gegend – schon gar nicht nachts bei Vollmond in den ungemütlichen Wald. Jedoch schien sich die Alte gut auszukennen. Zielsicher griff sie nach am Boden liegenden Zapfen und zarten Ästen. „Kräuter und Gewächse sind in diesen Nächten heilig, Kind", sagte die alte Frau zu Martha. „Sammle in den guten Zeiten, dann hast du in der Not, nicht wahr?" Ihr zahnloses Grinsen wirkte ganz freundlich.

„Möchtest du dich ein wenig aufwärmen?", fragte Martha schüchtern. Die Frau nickte und ließ sich ächzend am Feuer nieder. „Setz dich doch", forderte sie Martha auf und griff in ihren Korb. „Was habe ich gehört, deine Großmutter ist krank?", fragte sie.

Martha nickte. „Ja, sie liegt mit schrecklichem Fieber im Bett und die Kräuter wollen nicht helfen. Und essen mag sie auch kaum."

Die alte Frau kramte in ihrem Beutel, der an einer Schlaufe an ihrem Gürtel befestigt war. Dann zeigte sie auf das leere Tuch, das Martha in den Händen knetete. „Gib mir das", sagte sie und tat dann, als Martha ihr das Tuch gereicht hatte, eine Handvoll Kräuter aus ihrem Beutel in das Tuch. „Brüh es mit kochendem Wasser auf und gib es deiner Großmutter warm zu trinken. Gleich heute Nacht bei dem schönen Vollmond noch. Dann sollte es ihr am Morgen schon viel besser gehen", sagte sie. Martha nickte brav. Alten Leuten widersprach man nicht. „Deine Großmutter ist eine fleißige Frau, rechtschaffen und guten Herzens", sagte die Frau dann. „Sie wird wieder gesund, bestimmt. Und nun geh!", verlangte sie und ihre Stimme klang ganz herrisch. „Ich werde mich noch ein wenig an deinem Feuer wärmen." Dann sank die alte Frau in sich zusammen und begann, unverständliche Worte zu murmeln, während sie ins Feuer starrte. Martha wagte kaum, sich zu bewegen. Trotzdem erhob sie sich wie von selbst. Sie musste nach Hause gehen, wie die Frau gesagt hatte. Sie schaute noch ein letztes Mal auf die Gestalt am Feuer. Ihr

Mantel, der von undefinierbarer Farbe war, umhüllte sie fast vollständig. Fast bewegungslos hockte sie nun am Feuer, das fröhlich vor sich hin knisterte, ohne dass Martha noch Holz nachgelegt hatte. Aus der Umgebung drang kein einziges Geräusch an Marthas Ohren, nicht mal das Flügelschlagen eines Vogels oder die Bewegung eines Zweiges. Der Wald wirkte still, fast totenstill. Martha hielt das Tuch mit den Kräutern vorsichtig in den Händen und gerade, als sie sich abwenden und gehen wollte, rief die alte Frau sie zurück.

„Vergiss die Kerze nicht, mein Kind", sagte sie und deutete auf den kleinen Kerzenstummel. Martha bückte sich, hob ihn auf und dankte ihr. Dann drehte sie sich um und machte sich auf den Heimweg. Je weiter sie sich von der Lichtung entfernte, die schon vor Jahrhunderten von ihren Vorfahren für heilig befunden worden war, desto mehr Geräusche drangen wieder an ihr Ohr: Das Rascheln der Zweige, der Ruf einer Eule, die Äste, die unter ihren Füßen brachen und unheilvoll knackten. Martha wurde immer schneller. Als sie ihr Zuhause in der Ferne entdeckte, rannte sie fast. Endlich angekommen, stellte sie fest, dass in der Wohnstube und im Flur Licht brannte.

„Wo warst du denn?", empfing sie die polternde Stimme ihres Vaters. „Die Mutter macht sich schon Sorgen um dich!"
Er klang nicht vorwurfsvoll, sondern erleichtert. Glücklich fiel Martha ihm um den Hals. „Mein lieber Vater, du bist zurück!", freute sie sich. Der Vater strich ihr lächelnd eine Haarsträhne aus dem Gesicht. „Ja, es war stürmisch unterwegs, ein paar der Knechte glaubten, es sei die Wilde Jagd, die durch die Dörfer zieht in diesen Tagen. Doch es war wirklich nur ein Wintersturm, was auch sonst. Es ist nichts passiert. Und du?", fragte er.
„Oh, ich habe im Wald für die Großmutter Kräuter gesammelt", sagte Martha und setzte Wasser zum Kochen auf. Den Rest verschwieg sie dem Vater lieber, Aberglaube war nicht seins. Nur der Großmutter, der Martha später den Kräutertrank brachte,

erzählte sie von der alten Frau. „Vielleicht kommt sie aus einem der Nachbardörfer, drüben auf der anderen Seite des Flusses? Ich habe sie jedenfalls noch nie zuvor gesehen", erklärte sie leise. Die Großmutter sagte dazu kein Wort, schaute Martha nur dankbar an und nahm die Trinkschale. Dann trank sie vorsichtig den noch warmen Sud aus den Waldkräutern. „Es schmeckt nicht einmal bitter", flüsterte sie. Dann schloss sie die Augen und schlief ein.

Am nächsten Morgen, kaum dass Martha die Augen aufgeschlagen hatte, hörte sie ihre Mutter und die Großmutter unten in der Küche herumwerkeln.

„Mir geht es ganz wunderbar, kein Fieber mehr", strahlte die Großmutter sie an. „Und ich habe schrecklichen Hunger." Während sich alle um den Tisch versammelten, um gemeinsam das Frühstück einzunehmen, raunte die Großmutter Martha zu: „Die Frauen in den Orten drüben auf der anderen Flussseite glauben nicht ans Kräutersammeln, mein Kind. Ich bin sicher, dass die holde Frau Perchta selbst dir begegnet ist letzte Nacht. Du weißt doch, dass sie die guten Leute belohnt und die bösen bestraft. Und du, mein liebes Kind, bist eine ganz besonders gute Seele."

3. Wie erkennt man eine Hexe?

„Noch eins, Papa, bitte!", bettelte Ida und hielt ihrem Vater das Märchenbuch unter die Nase. Sie war fast sechs und liebte es, wenn ihr jemand Geschichten vorlas. Dass Henriette, ihre ältere Schwester, sich zu ihnen gesellte, machte die Sache für Ida nur noch schöner, denn ihre Interessen gingen naturgemäß deutlich auseinander. Und neben Vorlesen und Malen liebte Ida es auch zu kuscheln. Gern auch mit Henriette. „Ich mach weiter", sagte ihre Schwester dann auch und griff nach dem Märchenbuch. „Danke, Schatz", sagte Papa und übergab das Buch. „Dann kann ich mich noch um den Baum kümmern. Der wackelt verdächtig im Ständer, irgendwas passt da wieder nicht."

Henriette schüttelte nur den Kopf, als Teenager waren ihr solche Probleme völlig fremd. Das Ankuscheln von Ida ließ sie aber gern zu. Manchmal fand sie ihre kleine Schwester echt süß, heute zum Beispiel, wenn sie zudem neugierige Fragen stellte.

„Sind alle Hexen böse?", wollte Ida wissen.

„Nein, es gab auch gute Hexen", sagte Henriette. „Weise Frauen, die mit irgendwelchen Kräutern heilten oder so. Die wurden auch als Hexen bezeichnet. Weißt du, früher hatten die Leute vor vielen Dingen Angst, die sie sich nicht erklären konnten. Und wenn so ein Aufguss aus Kräutern und Wurzeln gegen Fieber half, dann war das für manche eben schon Magie."

„So wie Tee gegen Bauchweh?", fragte Ida neugierig. Henriette nickte schmunzelnd.

„Aber es gab auch böse Hexen, ja?"

Henriette überlegte kurz. Wie erklärte man einem Kindergartenkind, dass es sich hier um Märchen handelte? „Weißt du, die Leute glaubten, dass es Hexen gibt. Wirklich beweisen konnte man das nicht."

„Das ist aber blöd", stellte Ida fest. „Aber vielleicht sind die gar nicht ausgestorben?"

Fünfjährige, gestand sich Henriette ein, konnten echt anstrengende Fragen stellen. Also verstieg sie sich dazu, etwas zu flunkern, und dachte sich für Ida eine schöne Geschichte über Hexen aus, die bis heute unerkannt zwischen den Menschen leben und ihnen dann und wann Streiche spielen. „Aber wirklich böse sind die natürlich nicht", beteuerte sie. „Trotzdem ist es natürlich gut zu wissen, wer eine Hexe ist, findest du nicht?"

Ida hing wie gebannt an ihren Lippen. „Ja", hauchte sie. Und Henriette fabulierte weiter. Neulich in der Schule hatten sie die Rauhnächte durchgenommen, und ihr fiel wieder ein, was die Lehrerin da über einen alten Hexenerkennungstrick erzählt hatte. Das passte doch jetzt ganz wunderbar, dachte sie. „Also", setzte sie an. „Eine Hexe zu erkennen, ist natürlich gar nicht so einfach. Man braucht einen Schemel, das ist so etwas wie ein Hocker, und in der Christmette an Heiligabend setzt man sich darauf und dann sieht man die Hexen der Gemeinde, auch die unsichtbaren, mit Hut auf dem Kopf und mit dem Rücken zum Altar in den Bankreihen sitzen. Man kann auch durch dünne Holzscheiben schauen, das geht auch."

Ida war schwer beeindruckt. Nach einer Weile reichte sie Henriette das Märchenbuch. „Liest du mir noch mal Dornröschen vor?", fragte sie. Henriette schmunzelte und griff nach dem Buch. Noch während des Vorlesens fielen Ida die Augen zu.

Bis Heiligabend wollte Ida jeden Abend eine neue Hexengeschichte hören. Am liebsten von Henriette, der die Bewunderung ihrer kleinen Schwester durchaus gefiel. Sie erzählte Ida alle möglichen Geschichten über gute und böse Hexen, Zaubertinkturen und Hexenbesen – die Kleine war hin und weg. Wie sehr Ida die Hexen jedoch wirklich beschäftigten, bemerkte Henriette erst an Heiligabend, als Ida unbedingt die alte Holzfußbank mit in die Kirche nehmen wollte. „Ich will doch die Hexen sehen!", sagte sie, und Henriette überlegte blitzschnell, wie sie das wohl ihren Eltern erklären sollte. Die mochten es überhaupt nicht, wenn sie der Kleinen irgendwelche Flöhe ins Ohr setzte. Dabei hatte sie sich ja nichts weiter dabei gedacht, als sie Ida die Geschichte von dem alten Rauhnachtstrick erzählt hatte. Es war eine Sage, ein Märchen, doch wie erklärt man das einem Vorschulkind? Doch es blieb Henriette keine Zeit mehr, sich eine gute Erklärung auszudenken, denn schon stand Mama neben ihnen. „Was willst du denn damit?", fragte sie und zeigte auf den kleinen Holzschemel. „Sie will sich damit ihren Sitzplatz sichern", warf Henriette schnell ein und zwinkerte Ida zu. „Du weißt doch, Mama, wie voll es in der Kirche immer ist. Und wenn sie sich damit an die Seite setzt, dann sieht sie auch alles und nimmt niemandem den Platz weg."

So richtig überzeugt sah Mama zwar nicht aus, stellte Henriette fest, doch egal, sie fragte immerhin nicht weiter. Papa gab sich kopfschüttelnd mit der gleichen Erklärung zufrieden. „Warte!", rief Ida, als sie gerade aufbrechen wollten, und holte sich schnell noch die alten Holzuntersetzer aus der Küche. „Die brauchen wir doch!", sagte sie fast vorwurfsvoll. Ihre Eltern fragten zum Glück nicht weiter. Die kleine Kirche der Gemeinde war schon bei ihrem Eintreffen ziemlich voll. Erst spielte Frau Hannemann ein paar Stücke auf der alten Orgel, und während sich die Eltern einen schönen Platz suchten, blieb Henriette sicherheitshalber in Idas Nähe. Die Kleine hatte ihren Schemel am Seitengang aufgestellt und sich draufgesetzt, was die meisten Gottesdienstbesucher einfach nur süß fanden. „Kluges Mädchen", lachte Frau Bauer, die den gemeindeeigenen Kindergarten leitete, den auch Ida besuchte. „Sie weiß sich zu helfen."

Henriette nickte hilflos. Auch der Pfarrer nickte ihnen schmunzelnd zu, er mochte Kinder, das war bekannt. Sie hatten bei ihm praktisch Narrenfreiheit.

Als der Gottesdienst begann, wurde Ida unruhig. Die Holzuntersetzer erwiesen sich schnell als unbrauchbar, denn sie waren natürlich nicht durchscheinend genug, um dadurch auch nur den Hauch eines Schattens erkennen zu können. Ida hielt sie sich vors Gesicht, schüttelte den Kopf und schaute zu Henriette rüber. „Steck sie weg und bleib sitzen", raunte Henriette ihr zu. Doch Ida hatte ihren eigenen Kopf. Entsetzt sah Henriette, wie Ida mitten im ersten Lied aufstand und ihren Hocker weiter vortrug und sich dort hinsetzte. Auf dem Weg dorthin drückte sie Henriette die Holzuntersetzer in die Hand. „Da kann man nicht durchgucken", sagte sie. Henriette spürte praktisch die Blicke ihrer Mutter, die ein paar Reihen hinter ihr saß. Glücklicherweise weit genug entfernt, um nicht nachfragen zu können, was Ida da eigentlich trieb. Aber auch der Platz gefiel Ida nicht besser, sie erhob sich kurz darauf erneut und versuchte es ein paar Meter weiter. Nach dem vierten oder fünften Platzwechsel sah sich der Pfarrer offenbar genötigt, ein paar Worte zu Ida zu sagen: „Versuch es hier drüben mal, Ida, da zieht es nicht so", sagte er lächelnd. Und Ida nickte und setzte sich erneut um.

„Ja, es zieht an manchen Stellen wie Hechtsuppe", sagte Henriettes Banknachbarin, eine ältere Dame mit Goldrandbrille, die Henriette nur vom Sehen kannte.

„Mit meinem Rheuma ist das auch nichts", ließ sich nun Herr Brinkmann aus der Reihe hinter ihr vernehmen, während Henriette am liebsten im Boden versunken wäre. Sie wollte sich gar nicht vorstellen, was ihre Eltern davon hielten. Wenn es nicht so aufgefallen wäre, hätte sie die Kleine ja irgendwie einfangen können, doch Ida war offenbar fest entschlossen, die Hexen zu entlarven. Es wurde ein sehr unruhiger Gottesdienst, doch niemand in der kleinen Gemeinde beschwerte sich darüber. Ida wechselte

insgesamt neun Mal den Platz, Henriette hatte mitgezählt. Ida war hinterher jedenfalls sehr enttäuscht.

„Ich habe gar nichts gesehen", raunte sie Henriette ins Ohr. „Keine einzige Hexe hat sich gezeigt."

„Dann gibt es in unserer Gemeinde wohl keine Hexen. Vielleicht sind sie ausgestorben?", versuchte sich Henriette an einer Erklärung.

„Hexen? In der Kirche?" Henriette hatte nicht bemerkt, dass Mama hinter sie getreten war. „Willst du mir das vielleicht erklären?" Natürlich wollte Henriette nicht, wusste aber, dass sie nicht drum herumkam. Immerhin hielt die Kleine dicht, als Frau Hannemann zu ihnen trat und Ida einen Schal um die Schultern legte. „Arme Maus, war aber auch kalt hier drin heute. Den kannst du gern behalten. Und das mit dem Hocker ist eine tolle Idee!" Henriette sah, wie ihre Mama das Gesicht verzog, offenbar fand sie die Idee kein bisschen toll, doch sie nickte Frau Hannemann dankbar zu. „Ja, Kinder", kicherte Frau Hannemann. „Die sind so herrlich ehrlich. Wir reißen uns ja immer noch zusammen, aber die Kleinen …" Sie lachte und winkte ihnen zum Abschied zu.

Auf dem Heimweg war es dann wieder Idas Papa, der den alten Schemel zurücktragen durfte. Daheim lenkte die anstehende Bescherung Ida von jedem weiteren Gedanken an Hexen ab. Doch Mama hatte es nicht vergessen. Als Ida endlich im Bett war und Henriette sich still und leise in ihr Zimmer verziehen wollte, nahm Mama sie beiseite und Henriette kam nicht umhin, sie aufzuklären.

„Das ist doch nur so ein alter Aberglaube zur Rauhnachtszeit", rechtfertigte sie sich. Mama sah sie ungläubig an und Henriette sah sich zu weiteren Erklärungen genötigt.

„Du weißt doch, dass im christlichen Aberglauben in der Heiligen Nacht Hexen und böse Geister besondere Macht haben", begann sie. „Deswegen läuten doch die Kirchenglocken vor

Einbruch der Dunkelheit bis zur Mitternachtsmesse in regelmäßigen Abständen. Das nennt man Schreckensgeläut. Und in dem Zusammenhang gibt es die Vorstellung, dass man die Hexen der Gemeinde an Heiligabend im Gottesdienst erkennen kann, wenn man auf einem Schemel aus neunerlei Holz sitzt oder durch Holzscheiben schaut. Dann sieht man die Hexen mit ihren Hüten mit dem Rücken zum Altar sitzen. "

„Und das hast du Ida erzählt?", fragte Mama ungläubig.

Henriette nickte. „Ja, Ida liebt doch Märchen und Hexen. Es passte so gut, wir hatten das ja gerade erst in der Schule. Wer ahnt denn, dass sie das alles auch glaubt!"

Mama schüttelte den Kopf. „Ida ist fünf, die glaubt noch an das Christkind", erinnerte sie Henriette, die reumütig nach unten schaute. „Aber gut, es hat sich ja niemand beschwert. Nur sei bitte künftig vorsichtiger, ja?"

Henriette nickte und sparte sich die Erklärung, dass die Sache strenggenommen gar nicht hatte klappen können, da der Schemel nicht aus neun verschiedenen Holzarten bestand, aber derartige Details waren nun auch nicht mehr wichtig.

„Immerhin hat sie nun auch jedem im Gemeinderat klargemacht, dass wir uns wegen der Zugluft mal was einfallen lassen müssen", schmunzelte Papa im Hintergrund, der die ganze Aktion eindeutig lustiger fand als Mama. „Ausnahmslos jeder hatte Mitleid mit unserem armen, frierenden Kind. Dass sie eigentlich die gemeindeeigenen Hexen entlarven wollte, ahnte ja keiner", lachte er.

4. Legenden auf Wanderschaft

Irgendwann, irgendwo in den Voralpen war es Tradition, dass Knechte und Gesellen nach ihren Lehrjahren von ihrem Meister und dem heimischen Dorf Abschied nahmen und sich auf Wanderschaft begaben. Einige von ihnen zogen durch die deutschen Lande bis hoch in die Nordländer und brachten von überall her Geschichten und Mythen mit. Franz war einer von ihnen und Zimmermann. Er stammte aus einem Dorf ganz weit im Osten und hatte sich im Ort verdingt. Eine Heimkehr zu seiner Familie noch rechtzeitig vor den Feiertagen war unmöglich, zudem ließ er sich einen guten Auftrag nur ungern entgehen, also nahm er die Einladung des Bauern Gustav, das Weihnachtsfest und die anschließende Ruhezeit bei ihm und seiner Familie zu verbringen, gern an. Und mit ihm zusammen noch ein paar andere Handwerker, zumeist Zimmerleute, denn der alte Bauer hatte den Wiederaufbau einer Scheune in Auftrag gegeben.

„Ein Gewitter im Sommer hatte sie schon beschädigt, und als dann Anfang Dezember der erste Schnee fiel, gab das Dach nach und mit ihm die beiden Wände", hatte er Franz und den anderen erzählt. „Die Tiere konnte ich bei ein paar Nachbarn unterstellen, trotzdem soll meine Scheune möglichst bald fertig werden."

Bauer Gustav und seine Frau Anneliese waren freundliche, einfache Leute. Sie hatten zwei Töchter, die mit Bauern aus dem Dorf verheiratet waren, eine von ihnen lebte direkt auf dem Nachbarhof.

„Ein Enkel, so Gott mir einen schenkt, wird meinen Hof später übernehmen", betonte er gern und machte keinen Hehl daraus, dass ihm ein Sohn gut gefallen hätte. Aber Gustav war viel zu gutmütig und freundlich, um mit dem Fehlen eines männlichen Erben lange zu hadern.

Und so nahm er häufig Wanderburschen auf und gab ihnen Arbeit. Jetzt allerdings, in der Zeit der Rauhnächte, ruhte die Arbeit an der Scheune. Bäuerin Anneliese kochte wunderbar und genoss es, eine bunte Schar junger Handwerksgesellen zu bewirten, ja irgendwie auch zu bemuttern. Und Franz genoss die Nähe zu der zierlichen Bäuerin, die ihn ein bisschen an seine eigene Mutter erinnerte.

Noch vor dem Jahreswechsel begann der Schneefall, und es dauerte keine zwei Tage und der ganze Ort war nicht nur zugeschneit, sondern von der Außenwelt abgeschnitten. Doch auch das machte dem Bauern nicht viel aus. „Das haben wir fast jedes Jahr für eine kurze Zeit. Wir müssen nur Geduld haben."

Abends saßen die Burschen gern zusammen mit dem Bauernpaar noch nach dem Essen stundenlang zusammen. So auch an diesem ersten Januartag. Der Schneefall hatte aufgehört, dafür war es deutlich kälter geworden.

„Der Frost tut dem Boden gut", erklärte Gustav der Runde. „Dann werden die Schädlinge abgetötet."

Anneliese schmunzelte. Anders als andere Bauersfrauen scheute sie sich nicht, ihre Meinung offen kundzutun, auch wenn diese im Gegensatz zu der ihres Mannes stand. Deshalb widersprach sie ihm nun auch ganz offen. „Ach was, Gustav, die Viecher frieren bloß ein und kommen umso zahlreicher im Frühjahr aus dem Boden gekrabbelt", sagte sie.

Franz hatte davon auch schon gehört, hielt sich aber lieber zurück, weil er davon herzlich wenig verstand. Unter den anderen Burschen entwickelte sich jedoch schnell eine lauter werdende Diskussion.

„Ist bei euch auch schon oft die Wilde Jagd über die Höfe gefegt?", lenkte Franz mit seiner Frage die Diskussion in eine andere Richtung.

„Nein, damit haben wir hier keine Probleme!", ging Bauer Gustav sofort darauf ein, und Franz hatte den Eindruck, dass der Themenwechsel ihm ganz gelegen kam.

„Oh, da habt ihr aber Glück gehabt", meldete sich August, ein freundlicher Blondschopf, der ganz aus dem Norden stammte, zu Wort. „Ich war letztes Jahr um die Zeit in Tirol und was soll ich euch sagen, dort treiben in den Rauhnächten Gestalten ihr Unwesen, die jeden gestandenen Mann das Fürchten lehren. Stellt euch vor, sie nennen sie Prechten oder so ähnlich, und diese Gestalten sind größer als jeder Mann, den ich je gesehen habe. Sie tragen dunkle Umhänge und gehen auf Menschenjagd."

Anneliese schluckte und griff nach ihrem Becher. Gustav schüttelte jedoch den Kopf. „So was habe ich ja noch nie gehört", sagte er.

„Doch, ich auch!", mischte sich nun Ludwig ein. „Ich war sogar mal dabei, als finstere Gestalten, eindeutig nicht menschliche, sage ich euch, einen Menschenschädel in das Haus meiner Gastgeber geworfen haben. Direkt durchs Fenster kam er geflogen! Es hingen noch Haare und Hautfetzen daran, aber er war nicht wiederzuerkennen, wahrlich grauenhaft. Ich habe mich gleich am nächsten Morgen aus dem Staub gemacht, denn einer der anderen Burschen wusste zu berichten, dass es sich bei ihm um einen Ortsfremden gehandelt habe, einen Wandersmann wie mich."

Anneliese legte sich ihr Wolltuch um die Schultern und zog es fest an sich. „Das sind ja schreckliche Geschichten. Zum Glück ist hier noch nie etwas Derartiges passiert!", beteuerte sie.

„Also unheimliche Sachen passieren hier auch", meldete sich Gustav zu Wort. „Nicht so schreckliche Dinge, aber merkwürdig genug. Erinnerst du dich noch daran, Anneliese? Vor vielen Jahren kam doch hier das Gerücht auf, im Wald würde sich ein Werwolf herumtreiben."

Anneliese nickte schaudernd. „Erinnere mich bloß nicht daran. Eine Aufregung war das! Tagelang haben alle Männer des Dorfes die Wälder abgesucht und wir Frauen haben die Kinder im Haus eingesperrt, Tag und Nacht, und Türen und Fenster verriegelt, damit sie nicht weglaufen und vom Werwolf verwandelt werden konnten. Unsere Ilse war damals drei Jahre alt, glaube ich. Und Lena noch gar nicht geboren, es war jedenfalls ganz schrecklich." Die anderen Burschen nickten mitfühlend, doch Gustav schüttelte energisch den Kopf: „Am Ende war es aber doch gar kein Werwolf, das haben viele schon wieder vergessen. Sie erinnern sich an die Angst und die Aufregung, aber nicht daran, dass mein Bruder den vermeintlichen Werwolf gestellt hat. Gott hab den guten Hermann selig. Der Werwolf war ein großer Hund, der vor der ganzen Schar aufgeregter Männer geflohen ist, bis er in eine Falle geriet. Der Hermann hat ihn befreit und gesund gepflegt, und der Hund war ihm bis an sein Ende treu ergeben. Er wurde auch nie wieder für einen Werwolf gehalten. Und ich sage euch eins, wäre er nicht in den Rauhnächten aufgetaucht, wo der Aberglaube den Verstand regiert, hätte ihn auch niemand für einen Werwolf gehalten. Er hat ja nicht mal Schafe gerissen."

„Aber trotzdem geschehen in den Rauhnächten seltsame Sachen", beharrte der Bursche aus dem Norden. „In meiner Heimat fürchtet man sich sehr vor der Wilden Jagd. Es gibt zudem viele Regeln, an die man sich besser halten sollte, will man sich keiner Gefahr aussetzen. Mein Vater selbst war Zeuge, als die Wilde Jagd durch das Haus seiner Großmutter fuhr und vieles zu Bruch ging. Warum genau, wusste keiner zu sagen, aber es ist geschehen, so wahr ich hier sitze."

„Ja", sagte Franz. „Auch in meiner Heimat ist man vor der Wilden Jagd auf der Hut. Es sollen im Ort schon Menschen vom Geisterzug mitgerissen worden sein. Und sie sind nie wieder aufgetaucht. Und die Spukgeschichten von unheimlichen Gesellen, die sich nachts um die Ställe herumtreiben, Vieh massakrieren

und dann aufgespießt zurücklassen, sind mir auch schon oft untergekommen. Wenn man so viel unterwegs ist, hört man die seltsamsten Sachen. Und Aberglaube hin oder her, meist steckt ein Fünkchen Wahrheit in jeder Überlieferung oder Legende."

„Ja, da hast du recht", nickte der Blondschopf. „Immer wieder habe ich auch davon gehört, dass der eine oder andere Bauer es nicht lassen konnte, in der Zeit der Rauhnächte nachts in den Stall zu gehen, um zu erfahren, was seine Tiere so von ihm halten. Ich weiß natürlich nicht, ob die Tiere in diesen Nächten wirklich mit menschlicher Sprache zu sprechen beginnen, und ich hüte mich auch davor, das auszuprobieren, denn diese Art von Neugier wird mit dem Tod bestraft."

„Also mich hat es im letzten Jahr in die Bretagne verschlagen", meldete sich ein dünner Rothaariger zu Wort, der noch keinen Ton an diesem Abend gesprochen hatte. „Dort herrscht in den Rauhnächten immer eine große Aufregung, da die Legende umgeht, dass unverheiratete Frauen in diesen Nächten die Gelegenheit haben, ihren künftigen Bräutigam zu sehen. Sie müssen sich dazu wohl nur an einen Kreuzweg begeben und warten. Wenn sie Glück haben, erscheint seine Gestalt und er geht schweigend an ihnen vorbei. Aber wehe dem Mädchen, das sich nicht beherrschen kann und ihn anspricht oder ihm gar hinterherläuft. Ihr droht ein schreckliches Verderben, denn es stirbt augenblicklich."

Ein Raunen ging um den Tisch. Die meisten hatten davon noch nichts gehört, aber so weit wie der unscheinbare Erzähler war auch noch keiner von ihnen gekommen.

„Doch das Schlimmste letztes Jahr dort war", setzte der Rotschopf noch mal an, „dass die Tochter meines Auftraggebers selbst auf diese Idee kam. Zusammen mit ihrer Cousine machte sie sich nachts auf den Weg. Nun war es dort zwar nicht so kalt wie hier, aber die Mädchen verirrten sich und die Cousine geriet in die Falle eines Jägers und wurde übel verletzt. Im Morgengrauen, als ihr Verschwinden auffiel, haben wir alle die Gegend abgesucht."

„Habt ihr sie gefunden?", fragte Anneliese atemlos.

Der Rotschopf nickte. „Ja, dem Himmel sei Dank ist der Tochter nichts passiert. Sie wollte ihre verletzte Cousine nur nicht alleinlassen. Aber sie haben in der Ferne Wölfe gesehen und schworen, es sei ein Werwolf unter ihnen gewesen. Und eine Erscheinung will die Cousine auch gesehen haben, nur erkannt hat sie den Mann nicht. Das hätte böse enden können. Stellt euch vor, die Wölfe hätten die Mädchen in Stücke gerissen. Und an Schlimmeres, wie einen Werwolf, will ich gar nicht denken." Der junge Mann schüttelte sich, sichtlich erschüttert von der Erinnerung.

Gustav rutschte unruhig auf seinem Stuhl hin und her. Auch Anneliese schien wenig angetan von den gruseligen Geschichten, denn Gustav beobachtete, wie ihr Blick immer wieder zum Fenster wanderte und sie intensiv schaute, ob sich nicht doch draußen im Gebüsch etwas bewegte. Und knisterte es nicht von irgendwoher ganz unheimlich?

Später, die Gesellen waren biertrunken zu Bett gegangen, lag Gustav noch lange wach. Denn immer, wenn er die Augen schloss, tauchten Rauhnachtsspukgestalten vor seinem geistigen Auge auf. So wälzte er sich ruhelos hin und her.

„Ich kann auch nicht schlafen", sagte Anneliese und zündete eine Kerze an. „Komm, ich hab noch etwas von der Kräutermischung. Es kann nicht schaden, im Haus zu räuchern."

Gustav stand ohne zu murren auf. Aberglaube hin oder her, man konnte nie vorsichtig genug sein. Außerdem hatte eine gute Ausräucherung ohnehin noch nie geschadet.

5. Wie die Rauhnachtsgeister Claudia den Traummann bescheren sollten

Das Weihnachtsessen bei den Großeltern war für unsere ganze Familie das Highlight des Jahres. Trotz ihres fortgeschrittenen Alters ließ es sich Omi Hanna nicht nehmen, alle zu bekochen: mit Vorsuppe, Hauptgang in drei Ausführungen, um ja allen geschmacklichen Befindlichkeiten der Kinder und Enkelkinder gerecht zu werden, und ihrem legendären Apfel-Streuselkuchen nach altschlesischem Geheimrezept, welches sie bis heute wie ein Staatsgeheimnis hütete. Trotzdem zog sich mir der Magen zusammen, als ich daran dachte, auch in diesem Jahr allein zu Omi und Opi zu fahren. Normalerweise störte mich mein Singledasein kein bisschen, aber unter Omis strengem Blick wurde ich wieder vier und bekam gleich das Gefühl, etwas ausgefressen zu haben. Schließlich hatte ich die Mitte zwanzig schon um drei Jahre überschritten und laut Omi wurde es langsam brenzlig. „Ich werde im Februar 80 Jahre alt, wie lange denkst du, bin ich noch fit genug, um auf deiner Hochzeit Walzer mit deinem Bräutigam zu tanzen?", hatte sie mich neulich erst gefragt. Um passende Antworten war ich ja sonst nicht verlegen, aber Omi anzufauchen, das kam mir nun wirklich nicht in den Sinn. Also machte ich es wieder gut, indem ich ein besonders schönes Fotobuch für sie gestaltete. Mit gekauften Geschenken zu Weihnachten hatten sie es nicht so. Omi und Opi wollten von ihren drei

Enkelkindern immer noch etwas Selbstgebasteltes geschenkt bekommen, egal wie alt wir inzwischen waren. Meine Schwester Sabina kam mit einem Präsentkorb und erklärte Omi wortreich, dass sie ihn selbst und eigenhändig zusammengestellt hatte, mein Bruder machte sich erst gar nicht die Mühe, die Herkunft der Theaterkarten zu erklären. Den strengen Blick bekamen beide. Mein Fotoalbum kam da schon besser an, Opi musste es Omi fast aus den Händen reißen, um einen Blick hineinwerfen zu können. „Fein gemacht, Claudia!", lobte Omi. Immerhin. Noch vor der Hühnersuppe hatte Omi den Verlobungsring meiner Schwester entdeckt, da machte es auch nichts, dass der Bräutigam in spe bei seiner Familie feierte. Mein Bruder war mit knapp zwanzig ohnehin noch aus dem Schneider. „Männer sollten nicht zu früh heiraten", war auch so ein Omi-Spruch. Meine Eltern hielten sich wie immer zurück. Nur Papa warf ein, dass er es gar nicht so eilig hatte, die Familie zu vergrößern, schließlich hätten meine Schwester und ich studiert und dürften gern erst mal Karriere machen, ganz wie Papa eben. Er war Sicherheitsingenieur bei der Bahn und stolz auf seine Laufbahn, die er seinem Fleiß und zwei Fernstudiengängen zu verdanken hatte. Das Hauptgericht – Hühnchen mit Klößen und Rotkohl für mich, Grünkohl für Papa und Mischgemüse für meine Geschwister – war köstlich. Ich futterte so viel, dass ich froh über den Rundumdehnbund meines Rockes war. Kaffee und Kuchen nahmen wir dann traditionell auf dem Sofa ein, und dort platzierte sich Omi auch direkt neben mir. „Weißt du, Claudi", raunte sie mir zu. „Ich verrate dir jetzt mal ein Geheimnis. Deinen Opi habe ich damals durch einen kleinen Trick kennengelernt, habe ich dir das schon einmal erzählt?" Sie schaute mich, tatsächlich verlegen errötend, von der Seite an. Meine Eltern und Geschwister waren währenddessen rege mit Opi und dem Fotoalbum beschäftigt. „Nein", raunte ich zurück. Mit Omi flüstern konnte ich schon immer gut. „Als ich zwanzig wurde, habe ich mir langsam Sorgen gemacht, und da hat mir meine Omi von einem alten Rauhnachtsbrauch erzählt, der damals in ihrer Heimat weit verbreitet war. Ich habe also verschiedene Namen von jungen Männern, die infrage kamen, auf kleine Zettelchen geschrieben und mir diese abends unters Kopfkissen gelegt. Wichtig, Schätzchen, wenn du das nachmachen willst: Mindestens ein Zettel muss leer sein. Am nächsten Morgen ziehst du blind einen Zettel und der Name darauf entspricht dem deines Zukünftigen. Ist doch ganz einfach, oder?" Sie kicherte leise und ich nickte. „Klar, aber was ist mit dem leeren Zettel?" Ich fand zielsicher das einzige Haar in der Suppe. Omi schüttelte sanft den Kopf. „Das ist der Spielraum, den du dem Zauber lässt. Der leere Zettel steht für einen Unbekannten oder jemanden, dessen Name dir nicht einfällt oder dessen Namen du nicht kennst."

Einleuchtend. Ich hauchte ihr ein Küsschen auf die Wange und versprach, es bei Gelegenheit auszuprobieren. „Nicht bei Gelegenheit, Süße, sondern jetzt in den Rauhnächten. Das klappt doch sonst nicht. Du kannst, um die Wirkung zu steigern, auch falsch herum im Bett liegen, den Kopf am Fußende. Dann zeigen ihn dir die Rauhnachtsgeister vielleicht schon im Traum."

„Und so hast du Opis Namen herausgefunden?", fragte ich neugierig. Das klang ganz schön weit hergeholt. Daran änderte auch ihr begeistertes Nicken nichts. „Ja, ich habe von ihm geträumt, er war ja der Neffe der Nachbarin, und ich habe den Zettel mit seinem Namen gezogen, perfekte Vorhersage", bestätigte sie.

Auch wenn ich nicht wusste, ob Omi hier vielleicht ein wenig flunkerte, so wollte ich die Geschichte glauben. Sie war zu süß und zu romantisch, um sie ins Reich der Fantasie zu verbannen. Zudem waren die beiden mittlerweile fast sechzig Jahre verheiratet – wenn das keine Erfolgsgeschichte war!

Es war schon sehr spät, als ich in dieser Nacht nach Hause kam. Und erst beim Auspacken stellte ich fest, dass Omi mir einen Sta-

pel Notizzettel in die Tasche geschmuggelt hatte. Mit einer Tafel meiner Lieblingsschokolade, sie war wirklich ein Goldstück, meine Omi. Trotzdem schaffte ich es erst am nächsten Tag, mich hinzusetzen und mir Namen zu überlegen. Tobi, mein Fitnesstrainer fiel mir ein, aber sonst niemand. Es waren acht Zettel und mindestens einer sollte leer bleiben. Ob ich die anderen alle nutzen musste? Ich war hin- und hergerissen, konnte mich aber gerade noch bremsen nachzufragen. Im Zweifelsfall schrieb ich auf drei Zettel halt irgendwelche Namen. Um es auf die Spitze zu treiben, entschied ich mich für Emilian. Ich kannte natürlich niemanden mit diesem Namen. Ich hatte ihn neulich mal in einem Buch gelesen, aber, wenn ich demnächst einen Emilian kennenlernen würde, dann wäre der Beweis für die Zauberkraft der Rauhnachtsgeister zweifelsfrei erbracht. Am Abend legte ich die Zettelchen schön gefaltet unter mein Kopfkissen und entschied mich im letzten Moment dafür, zudem verkehrtherum zu schlafen. Wenn schon, denn schon, dachte ich mir. Wie schlecht die Idee war, stellte ich nach einer äußerst unruhigen Nacht am nächsten Tag fest. Ich hatte wirklich kolossalen Unsinn geträumt, von einem Postboten, der mich verfolgte, ja durchs ganze Haus jagte, und dann von einem anderen Mann in Uniform, vielleicht ein Polizist oder so. Ich war jedenfalls so verwirrt, dass ich die Beine aus dem Bett schwingen und ins Bad unter die Dusche hechten wollte, allerdings mit meinem Knie sehr schwungvoll an der Schlafzimmerwand landete. Klar, ich lag ja falsch herum im Bett und der Ausstieg war auf der anderen Seite. Mit leisem Wimmern ließ ich mich zurückfallen. So etwas konnte aber auch wirklich nur mir passieren! Ich brauchte ein paar Minuten, bis ich einen zweiten, dieses Mal sehr vorsichtigen Versuch zu der richtigen Bettseite unternahm. Beim Aufstellen der Füße auf den Boden zuckte der fiese Schmerz durch mein ganzes Bein. Ich atmete tief durch, hob mein Kopfkissen an und freute mich, dass zumindest die Zettelchen alle noch da waren. Mit dem lädierten

Knie hätte ich jetzt auch kaum unters Bett krabbeln und sie zusammensuchen können. Voller Vorfreude und sehr langsam entschied ich mich für ein Zettelchen. Es war nicht Emilian, den ich erwischte, und auch nicht Tobi, der knackige Trainer aus meinem Sportstudio, sondern der einzige leere Zettel. Wäre meine Trefferquote beim Lotto doch nur auch mal so hoch, grummelte ich.

Später, als ich mit einem Eispack ums Knie am Küchentisch saß und Omi anrief, kam die aus dem Lachen nicht mehr raus. „Ach, Schätzchen, du nun wieder, du bist aber auch ein kleiner Tollpatsch! Aber sieh es mal so, du hast doch immerhin von ihm geträumt."

„Ich habe von einem mir völlig unbekannten Postboten geträumt, der mich im Haus jagt", korrigierte ich sie. „Und wer weiß, vielleicht hätte mich der andere Uniformierte noch verhaftet, wenn ich nicht aufgewacht wäre!"

Omi lachte schallend auf: „Das klärt sich, mein Schatz, keine Bange. Ich bin fest davon überzeugt, dass es funktioniert. Hat es doch bei mir auch, nicht wahr?"

Ich verzichtete darauf, Omi zu widersprechen. Erstens tut man so was nicht, zweitens kam ich gegen sie ohnehin nicht an.

Auch wenn mein Weihnachtsurlaub und die Rauhnächte wieder viel zu schnell vergingen, vom lädierten Knie hatte ich dann doch noch länger etwas. Es wurde erst mal richtig dick und blau und veränderte danach seine Farbe in alle Schattierungen des Regenbogens. Sporttechnisch war ich gute drei Wochen ausgeknockt, was mich von Tobi und dem Sportstudio fernhielt. So schnell brachte mich jedenfalls keiner mehr dazu, irgendwelche albernen Bräuche auszuprobieren, mit dem Thema war ich durch.

Es war ein Samstagmorgen, ein sehr früher, um genau zu sein, als mich die Türklingel aus einem glücklicherweise traumlosen Schlaf riss. Es war noch dunkel, ich warf mir zwar rasch den Morgenmantel über, beeilte mich aber dann nicht zu sehr, an die Tür zu kommen. Natürlich kam ich zu spät, ich sah das gelbe

Postauto vor dem Haus stehen, der Bote indes war bereits wieder auf dem Weg nach unten. Und ich, mein noch nicht wieder ganz gesundes Knie ignorierend, sauste die Treppen hinab. „Halt", rief ich. „Ich kann nicht so schnell! Autsch …" Er stoppte und sauste in einer Geschwindigkeit die Treppe wieder herauf, die mich neidisch machte. „Gehen Sie schon, ich bring es Ihnen hoch", sagte er, und ich musste aufpassen, dass er mich nicht hochschubste, so eilig, wie er es hatte. Er stellte einen Karton vor meiner Tür ab, ich unterschrieb und weg war er. Wenig später hörte ich die Haustür unten ins Schloss fallen. Unwillkürlich fiel mir der seltsame Rauhnachtstraum wieder ein. Ja, das war ein Postbote, und er war eiligst hinter mir her, nur vom Kennenlernen konnte man in dem Zusammenhang nun wirklich nicht sprechen. Ich hätte ihn nicht einmal beschreiben können, so wenig hatte ich ihn mir angeschaut. Ich verdrängte den Gedanken schnell wieder und stürzte mich auf den Karton. Er war federleicht. Neugierig öffnete ich das Paket – ein zauberhafter Biedermeierstrauß, weiß-rosa Blüten mit viel Schleierkraut, ein florales Kunstwerk, das mich sofort an meinen Abiball erinnerte. Meine damalige Begleitung, ein Klassenkamerad, den ich nach der Schule leider sofort aus den Augen verlor, hatte mir auch einen solchen Strauß mitgebracht. Ich fingerte die Karte heraus und wow – der Strauß war von Oliver, meinem damaligen Begleiter. „Liebe Claudia, ich habe deine Adresse von deiner Schwester, die ich neulich beim Einkaufen getroffen habe. Ich bin wieder im Lande und augenblicklich in der Kaserne am Fliederhain stationiert, inzwischen als Offizier. Was meinst du, wollen wir uns mal auf einen Kaffee treffen?" Noch während ich die Zeilen las, fühlte ich das ganz zarte Flügelschlagen zaghafter Schmetterlinge in meinem Bauch. Oliver also. Ich hatte mich schon ein paar Mal gefragt, was wohl aus ihm geworden war. Seine Handynummer stand auch dabei, und ehe ich die Sache wieder zerdenken konnte, griff ich zu meinem Telefon und verabredete mich mit ihm. Erst als ich die Blumen dann ins Wasser stellte, kam mir in den Sinn, dass Offiziere ja auch Uniform trugen. Und den Namen Oliver hatte ich nicht notiert – was mir das wohl sagen sollte? Nun, ich war bereit, es herauszufinden. Und dann, ja dann würde ich auch Omi alles erzählen.

6. Die faule Hausfrau und der Wichtel

Irgendwann, irgendwo lebte in einem schönen Tal Bauer Frieder mit seinem Eheweib Mathilde. Bauer Frieder war weit und breit für seinen Fleiß bekannt, Mathilde jedoch für das Gegenteil. Sie liebte es bequem und vermied schwere Hausarbeit, wo immer es möglich war. Nun hatte die Zeit der Rauhnächte begonnen und Bauer Frieder graute bereits davor. Schon in den vergangenen Jahren hatte er schlimme Erfahrungen mit der Wilden Jagd gemacht, die mit einer Gewalt über den Hof und durchs Haus gefegt war, die in der Gegend ihresgleichen suchte. Frieder hatte Wochen gebraucht, bis alles wieder repariert, aufgeräumt und jeder zerbrochene Krug und jeder zerschlagene Teller ersetzt worden waren. Es hatte ihn jede Menge Arbeit und viele Taler gekostet. Doch Mathilde dachte überhaupt nicht daran, ihr Verhalten zu ändern.

„Bei ihr ist Hopfen und Malz verloren", sagte nicht nur Frieders alte Mutter kopfschüttelnd, sondern so ziemlich jeder im Dorf. Die meisten vermieden den Gang auf Frieders Hof in diesen Tagen, denn zu groß war die Gefahr, selbst in Mitleidenschaft gezogen zu werden. In ihrer Gegend war es seit Menschengedenken Brauch, in der Rauhnachtszeit keine Wäsche aufzuhängen, damit sich nicht die gefährliche Wilde Jagd darin verfing. Deren Jagdzug bestand, da war man sich sicher, aus Wotan und seinem Gefolge, also den zwölf grauenhaft wilden Wölfen, Raben und Knochenmännern. Ein Anblick, der jedem das Blut in den

Adern gefrieren ließ. Wer ein derartiges Risiko einging und ein weißes Tischtuch aufhängte, konnte fast schon damit rechnen, dass dieses Wäschestück sein Leichentuch werden würde. Die anderen Frauen des Dorfes, ja der ganzen Gegend, waren seit Wochen fleißig dabei, die Häuser aufzuräumen, zu entrümpeln und jede Art von Unordnung auszumerzen, denn böse Geister, Kobolde oder sogar Hexen setzten sich nur zu gern in Unordnung, Gerümpel und Unrat fest. Die besonders Umsichtigen wussten, dass man besser auch alles Geliehene zurückgab. Frieder wunderte sich jedes Jahresende aufs Neue, wie viele Harken, Töpfe und Sensen er verborgt hatte. Aber er verließ sich auch darauf, dass nun alles wieder zu ihm zurückgebracht wurde, er machte es schließlich genauso. Keine Frage, dass auch er den Weg ins Wirtshaus fand, um die angeschriebenen Krüge Bier noch rechtzeitig zu bezahlen. Anders Mathilde, es störte sie nicht, dass sie die Spindeln der Nachbarin noch bei sich liegen hatte. Es war ihr im Gegenzug aber auch egal, ob diese ihre Nadeln zurückbrachte. „Ich mache das doch nicht an einem bestimmten Zeitraum fest, vielleicht braucht sie sie noch länger", beschwichtigte sie ihren Mann, der das Chaos schon kommen sah. „Ich räume dieses Mal nicht alles auf!", drohte er. „Nein, ich lass dich hier mit dem ganzen Durcheinander sitzen. Ich habe noch genug vom letzten Mal!"

Dabei sah er so grimmig aus, dass Mathilde befürchtete, er würde seine Worte wirklich wahrmachen. Und weil sie ihren Frieder ja doch von Herzen liebte, nahm sie sich fest vor, sich zusammenzureißen. Doch das war leichter gesagt als getan. Voller Elan füllte sie den Eimer mit Wischwasser und holte auch den Mopp dazu, doch als sie mit diesem unter dem Schrank als Erstes einen abgerissenen Knopf hervorholte, kam sie vom Putzen wieder ab und suchte stattdessen das zum Knopf gehörige Kleidungsstück. Irgendwo musste er ja nun fehlen und sie war fest entschlossen, das Teil zu finden. „Lass das!", hörte sie plötzlich eine Stimme

hinter sich. Erschrocken fuhr Mathilde herum und staunte nicht schlecht. Vor ihr stand eine kleine Gestalt, wie sie sie höchstens aus den Ammenmärchen ihrer Kindheit kannte. Die Gestalt war ungefähr kniehoch, hatte wirres, graues Haar und eine dicke Knollnase. Und sie schien ärgerlich, denn sie stemmte die kleinen Arme in die Hüften. „Leg den Knopf zur Seite und putz endlich weiter", verlangte sie. Was fiel diesem Männlein eigentlich ein? Mathilde starrte es an und öffnete den Mund, um eine schlagfertige Antwort zu geben. Doch noch ehe sie ein Wort sagen konnte, sprach das Wesen weiter. „Weißt du eigentlich, wer ich bin?", fragte es. Mathilde schüttelte den Kopf. „Dachte ich es mir doch", brummte es und spazierte mit ausladenden Schritten durch Mathildes Wohnstube. „Ich bin ein Wichtel, und du hast es nur deinem fleißigen Mann zu verdanken, dass die Rauhnachtsgeister dir noch eine Gelegenheit geben, dein Verhalten zu ändern. Du hast doch schon vom Geisterzug gehört, oder?" Mathilde erschauerte bei dem Gedanken. Gesehen hatte diesen albtraumhaften Zug freilich noch niemand, was allein der Tatsache geschuldet war, dass der Sage nach niemand ein Zusammentreffen mit dem Geisterzug überlebte. Er war bekannt dafür, dass er jeden und alles, was ihm im Weg stand, mitriss und die Unglücksseligen nie wieder gesehen wurden.
Der Wichtel starrte Mathilde an, die um Fassung rang. Dann nickte sie. „Ja, gehört hab ich davon. Aber …"
Der Wichtel winkte ab. „Natürlich hast du ihn nie gesehen, das hat keiner hier in der Gegend, aber hast du vom Merbachtal gehört? Letztes Jahr?" Mathilde erinnerte sich, dass es dort noch vor dem Dreikönigstag zu einem schrecklichen Zwischenfall gekommen war. Eine entsetzliche Sturzflut mit Wind und Sturm und jeder Menge Regen war über einen der Höfe gefegt und von der ganzen Familie fehlte seitdem jede Spur. „Das war der Geisterzug?", hauchte Mathilde. Der Wichtel wog bedächtig den Kopf hin und her. „Möglich. Für ihren Eifer und

Fleiß waren die Leute nicht gerade bekannt. Auch hatten sie Schulden, also wenn du mich fragst ..." Der Wichtel nickte wiederum. Dann deutete er auf den Mopp, den Mathilde beiseitegestellt hatte. „Du musst mit dem Putzen weitermachen. Den Knopf legst du besser beiseite, um den kannst du dich später kümmern."

Mathilde seufzte und griff nach dem Mopp, dann begann sie, die Wohnstube zu wischen. Als sie nach einer Weile damit fertig war und das Wasser auskippte, tauchte der Wichtel wieder auf. „Und die Küche?", fragte er streng. „Und danach den Schlafraum!" Mathilde schaute ihn böse an, doch der Wichtel hielt ihrem Blick stand. „Denk dran ...", brummte er. Widerwillig füllte Mathilde frisches Wasser in den Eimer und machte sich daran, die Küche zu scheuern und schließlich ihre Schlafstube. Als sie fast fertig war, sah sie aus dem Dachfenster ihre Nachbarin über den Hof laufen. Flink öffnete sie das Fenster. Ein Schwatz würde ihr jetzt wirklich guttun, so fleißig, wie sie heute gewesen war. Doch sie hatte die Rechnung ohne ihren Wichtel gemacht. Kaum hatte sie das Fenster geöffnet, um nach Maria zu rufen, da knallte er das Fenster mit Wums direkt vor ihrer Nase wieder zu. „Du bist noch nicht fertig", sagte der Wichtel streng. „Du musst erst deine Arbeit zu Ende bringen, dann kannst du auf einen Schwatz zur Nachbarin gehen, hörst du?"

Mathilde gefiel das gar nicht, doch wann immer sie vom Putzen abkam, brachte der Wichtel sie wieder dazu weiterzumachen. „So schrecklich faul bist du gar nicht, Mathilde, du lässt dich nur viel zu schnell ablenken", stellte der Wichtel am Ende des Tages fest. Mathilde schluckte. „Es macht einfach keinen Spaß", gab sie zu.

„Die Wäsche muss auch noch sortiert werden", schmunzelte der Wichtel.

„Du hast mir noch nicht mal gesagt, wie du eigentlich heißt und wie lange du bleibst", lenkte Mathilde ab. Doch der Wichtel durchschaute sie.

„Ich verrate dir meinen Namen, wenn du den Wäscheberg dort sortiert, zusammengelegt und in die Truhen geräumt hast", versprach er ihr. Mathilde verdrehte die Augen. „Frieder kommt bald zurück, er will dann zu Abend essen. Ich habe jetzt zum Aufräumen keine Zeit mehr."

Sie wandte sich ab und wollte gerade durch die Tür gehen, als der Wichtel sie ihr versperrte. „Nein, Mathilde, du kümmerst dich zuerst um die Wäsche. Der Frieder wird es verstehen, glaub mir. Denk dran, was er gesagt hat! Er repariert nichts mehr. Ich glaube, er wartet lieber ein halbes Stündchen länger auf sein Essen, vertrau mir."

Mathilde war zwar überzeugt davon, dass der aufdringliche Wichtel recht hatte, doch zugeben konnte sie das freilich nicht. Also widmete sie sich murrend der Wäsche, während der Wichtel sie dabei eindringlich beobachtete. „Wenn du dir nur angewöhnen könntest, nicht alles tagelang liegen zu lassen, wäre es auch nicht so viel", grinste er sogar frech. Das wusste Mathilde natürlich auch selbst. „Dein Name?", fragte Mathilde unvermittelt. Der Wichtel lachte. „Hartnäckig bist du also auch, sehr gut. Konzentriere dich auf die richtigen Dinge und du wirst es viel leichter haben im Leben."

Mathilde sah von dem Hemd, das sie gerade faltete, auf. „Also, wie heißt du nun?"

„Bonas", sagte der Wichtel. „Ich gehöre zu einem Volk, das den Menschen wohlgesonnen ist. Wir leben ganz in der Nähe und keiner von uns möchte Gefahr laufen, dass der von dir angelockte Geisterzug womöglich auch unsere Behausungen zerstört."

Mathilde warf ihm einen unsicheren Blick zu. Konnte sie das denn glauben? Von Wichteln in der Nähe des Dorfes hatte sie noch nie gehört. Aber sie hatte ja auch bisher nicht davon gehört, dass Wichtel auftauchten und Frauen zum Putzen antrieben. Was ihr Frieder wohl davon halten würde?

Bonas, der Wichtel, schien ihre Gedanken zu ahnen. „Du musst deinem Mann ja nichts von m2ir erzählen", sagte er. Dann deutete er auf die freie Fläche, auf der sich vorhin noch ein großer Berg Wäsche aufgetürmt hatte. „Und?", fragte er. „War es so schlimm?" Mathilde schüttelte den Kopf. „Eigentlich nicht", gab sie zu.

„Jetzt gehen wir in die Küche", sagte der Wichtel. „Und während die Suppe vor sich hin kocht, kannst du die schmutzigen Töpfe und Schüsseln spülen."

Mathilde schnappte nach Luft. „Ich soll noch mehr arbeiten? Bonas, es reicht für heute, wirklich. So viel habe ich seit Jahren nicht geputzt, gewienert und geräumt."

„Das glaube ich dir sofort", lachte der Wichtel. „Aber die Töpfe und Schüsseln spülen sich nicht von allein, und wie sagte Frieder? Er repariert und ersetzt nichts mehr. Und besonders das Geschirr geht zu Bruch, wenn …"

Er musste den Satz gar nicht zu Ende bringen. Mathilde schob die kleine Gestalt beiseite und marschierte vor sich hin brummend in die Küche. Dort setzte sie die Suppe auf und schaute sich ärgerlich um. Das Durcheinander war wirklich nicht zu übersehen.

„Fang mit den großen Töpfen an", schlug Bonas vor. „Da siehst du am schnellsten, was du schon geschafft hast." Mathilde hatte längst aufgehört, darauf zu hoffen, dass der kleine Mann ihr zur Hand ging. Nein, er schaute nur zu und trieb sie an. Sie hörte aber nun auf seinen Rat, reinigte die Töpfe und Pfannen und räumte sie auch gleich weg, dann waren die Schüsseln dran und zum Schluss kümmerte sie sich um die Teller und Becher. Als die Suppe fertig war, hatte Mathilde auch das Durcheinander in der Küche beseitigt. Stolz schaute sie sich um und sah nur aus den Augenwinkeln, wie sich die kleine Gestalt des Wichtels Stück für Stück auflöste.

„Bonas, nein, geh noch nicht", rief sie. Doch der Wichtel schüttelte für sie gerade noch sichtbar den Kopf. „Mein Auftrag ist erfüllt", lächelte er.

„Dann komm aber nächstes Jahr wieder", rief Mathilde. „Ich backe dir auch vorher Kekse, denn backen kann ich prima, und du schaust mir wieder zu, ja?"

Mathilde konnte nicht sagen, ob der Wichtel ihr noch geantwortet hatte. Er war so schnell verschwunden, wie er gekommen war. Und noch während Mathilde in der nun blitzeblank aufgeräumten Küche stand und sich fragte, ob sie sich den Wichtel vielleicht nur eingebildet hatte, kam Frieder nach Hause. Und der staunte nicht schlecht. „Das hatte ich nicht erwartet", murmelte er immer wieder und strahlte Mathilde an.

Die wollte nun nicht länger darüber reden, sondern tischte ihrem Mann das Abendessen auf. Und während sie die Suppenschüssel auf den Tisch in der Wohnstube stellte, sah sie wieder den Knopf, der sie am Morgen abgelenkt hatte. Und plötzlich wusste sie auch, wo er hingehörte. An die Jacke ihres neuen Wichtelfreundes. Und insgeheim hoffte sie, dass er wirklich noch einmal zurückkommen würde.

7. Gaben für gute Rauhnachtsgeister

„Hier, ich habe noch ein paar Schokotaler", flüsterte Theo, der eigentlich Theodor hieß, aber von niemandem so genannt wurde. Seine Zwillingsschwester Julia packte sie ordentlich in die bereitgelegte Tüte. Die beiden waren acht Jahre alt und fest entschlossen, herauszufinden, was es mit den Geistern auf sich hatte, die um diese Jahreszeit herumspuken sollten. Ihre Eltern durften davon freilich nichts mitbekommen, denn Geister gehörten für sie ins Reich der Märchen und Fabeln. Die Geistergeschichten verdankten die Zwillinge ihrer geliebten Hedwig, der alten Nachbarin, die schon seit die beiden noch Babys waren, auf sie aufpasste. Theo und Julia liebten es, wenn Hedwig ihnen vorlas, früher noch in ihrem eigenen Buchladen, heute bei sich im Wohnzimmer. Sie kannte so viele Geschichten aus allen Zeiten und von überall auf der Welt, dass es nie langweilig wurde. Im Sommer hatte sie mit ihnen Kräuter für die Kräuterweihe in der Kirche gesammelt, und auch sonst erzählte sie ihnen gern von alten Traditionen und Bräuchen, besonders aus ihrer alten Heimat, irgendwo ziemlich weit weg. In vielen der Geschichten ging es um Geister und Hexen, und Hedwig kannte sich wirklich gut aus.

„Vor vielen hundert Jahren glaubten die Menschen noch fest an so etwas", hatte sie den beiden erklärt. „Da gab es viele Bräuche und Rituale, besonders in der Zeit zwischen Heiligabend und dem Dreikönigstag."

Wie gebannt hingen die beiden Hedwig dann an den Lippen. „Es soll Geister geben, die den Menschen wohlgesonnen sind und ihnen Glück bringen", erklärte sie weiter und erzählte den beiden dann eine ganz reizende Geschichte darüber, wie man gute Geister anlocken könne. Dabei ging es um einen Jungen, der immer Pech hatte, sein Lieblingsspielzeug verbummelte, immer von etwas aufgehalten wurde und dann zu spät kam und Ärger kriegte. Dieser Junge machte sich eines Abends, kurz vor Silvester, daran, gute Geister anzulocken. Und in Hedwigs Geschichte gelang ihm das auch. Die guten Geister freuten sich sehr über die Gaben, die er für sie ausgelegt hatte, und im folgenden Jahr passierten ihm nur schöne Sachen. Kein Pech mehr, keine schlechten Noten in der Schule, das gefiel Theo besonders. Wer weiß, vielleicht war an den Geschichten ja doch etwas dran. Und vielleicht musste er dann auch nicht mehr so viel vor Mathematikarbeiten lernen, mit viel mehr Glück würde er ja dann wie von allein nur noch Einsen schreiben, das klang ziemlich verlockend.

Theo und Julia waren klug genug, sich gut zu merken, was die Geister am liebsten mochten: Süßigkeiten, wie sie selbst ja auch, aber zudem Brot, Fleisch und Hülsenfrüchte, zumindest Letzteres wunderte besonders Julia sehr. Wer mochte schon Linsen oder Bohnen? Sie hatte extra nachgeschaut, was Hülsenfrüchte sind, und fand nichts davon lecker. Da vom Feiertagsessen noch jede Menge Köstlichkeiten übrig geblieben waren und die Zwillinge zudem Schulferien hatten, sodass ihre Eltern es mit dem Zubettgehen nicht ganz so genau nahmen, wollten sie unbedingt ausprobieren, ob es ihnen nicht gelänge, ein paar gute Geister anzulocken. „Wer nicht wagt, der nicht gewinnt", war schließlich Papas Leitspruch. Und der galt bestimmt auch dafür. Dass ihre Zimmer nebeneinander lagen, machte die Sache natürlich leichter. So konnten sie ihren Plan heimlich ausbaldowern. Die beiden suchten sich für ihre Aktion den zweiten

Weihnachtsfeiertag aus und verteilten so unauffällig wie möglich Stollen, Hackbällchen, Wurst, Brot und viele Kekse im Garten. Dann legten sie sich auf die Lauer.

Mama, Papa und Hedwig saßen an dem Abend unten im Wohnzimmer bei einem Glas Winterpunsch zusammen, was Julia und Theo den Vorteil verschaffte, sich ungesehen in Küche und Garten bewegen zu können. Sie wurden jedenfalls nicht ertappt, als sie bei Dunkelheit noch draußen herumstromerten. Dann verabschiedeten sie sich für die Nacht, doch anstatt ins Bett zu gehen, brachten sie sich am Fenster von Theos Zimmer in Stellung. Ein aufziehender Sturm drohte jedoch, ihre Pläne zu durchkreuzen.

„Der blöde Wind pustet alles von den Tellern runter", ärgerte sich Julia und wies auf die Papptellerchen mit den Schokoladenkeksen, die sie am Rand der Terrasse platziert hatten. Der Wind wirbelte sie hoch und ihre Köder landeten einzeln im Gras. „Da finden die Geister die doch nie", brummte nun auch Theo. Als sie Mama und Papa hörten, sausten sie fix in ihre Betten und stellten sich schlafend. Erst als sie merkten, dass ihre Eltern im Garten herumliefen, wagten sich die beiden wieder in die Nähe des Fensters. Jedoch ganz vorsichtig, damit sie nicht entdeckt wurden. Von dort aus sahen sie zu, wie Papa die nun leeren Pappteller aufsammelte und sie kopfschüttelnd ins Haus trug.

„Aber die Kekse sind noch da", wisperte Julia und starrte aus dem Fenster. „Die Hackbällchen liegen an der Regentonne", ergänzte Theo und setzte sich neben sie. „Die habe ich gar nicht auf einen Teller getan."

Der Wind sauste durch die Bäume und deren Äste schlugen heftig gegen die Dachrinne und verursachten dabei sehr merkwürdige Geräusche, die Julia zusammenzucken ließen. Sie rutschte ein bisschen näher an ihren Bruder heran. Das sah ziemlich unheimlich aus, wie der Sturm alles durchrüttelte. Ob das schon die Geister waren, die sich angezogen fühlten? Gespannt blie-

ben die beiden am Fenster sitzen und beobachteten, wie Papa die Lichterkette besser befestigte, da der Wind sie abzureißen drohte, und Mama schnell noch den wild hin und her schwingenden Herrnhuter Stern abnahm. Sie wurde ganz schön durchgepustet.

„Hoffentlich haben wir keine bösen Geister angelockt", flüsterte Julia. „Nicht dass Mama und Papa noch was passiert."

„Das ist nur ein Sturm!", hörten sie hinter sich Hedwig sagen. „Dachte ich mir's doch, dass ihr die Teller in den Garten gestellt habt. Keine Bange", wiegelte sie ab. „Ich habe euch nicht verraten. Essen im Garten zu verteilen, ist jedoch keine gute Idee. Das sind doch nur Geschichten, die ich euch erzählt habe, die hat sich jemand zur Unterhaltung ausgedacht. So was stimmt meistens kein bisschen. Und der Wetterbericht vorhin im Fernsehen hat vor Sturm gewarnt, auch dass es vielleicht noch heftiger wird, deshalb räumen eure Eltern ja jetzt alles rein, was wegfliegen könnte."

Hedwig strich den beiden liebevoll über den Kopf. „So, nun aber ab ins Bett. Geister sind Fantasiegestalten in Geschichten. Ich fürchte, da muss ich künftig wohl deutlicher werden."

Julia und Theo nickten sich fast unmerklich zu und ließen sich von Hedwig ins Bett bringen. Die Enttäuschung war beiden anzusehen.

Der Sturm wütete noch eine ganze Weile und die Zwillinge schliefen darüber ein. Doch als ein Ast laut gegen die Regentonne krachte, wurde Julia plötzlich wach. Sie schlich sich auf Zehenspitzen in Theos Zimmer und rüttelte an seinem Arm. „Da draußen kommen vielleicht doch Geister", sagte sie und schlich zum Fenster. Theo postierte sich brüderlich neben sie. „Da, siehst du das?", rief er aufgeregt und deutete in Richtung der Himbeersträucher. „Da ist doch was!" Nun konnte es seine Schwester auch sehen. Ein Schatten bewegte sich im Mondschein, doch sie konnte nicht erkennen, woher er kam.

Dann polterte es plötzlich an der Regentonne, doch es war kein Ast zu sehen, der das verursacht haben könnte. „Komm, wir gehen auf den Balkon drüben im Gästezimmer", raunte Julia. Auf Zehenspitzen schlichen die beiden sich nach nebenan, doch als sie die Balkontür öffneten, riss eine Windböe sie ihnen fast aus der Hand. „Pst, leise!", murrte Theo und hatte Mühe, die Tür festzuhalten. Sie stand nur für einen kurzen Moment offen und der Wind blies trotzdem alles, was auf dem Tisch lag, herunter. Zum Glück wurden ihre Eltern davon nicht wach. Auf dem kleinen Balkon war es ziemlich kalt und der Wind wehte ganz schön heftig. Da polterte es unten an der Regentonne erneut. „Dort liegen die Hackbällchen", sagte Theo aufgeregt. „Die mögen sie vielleicht lieber als Kekse." Atemlos starrten die beiden in die Dunkelheit, als sich weitere unförmige Schatten aus dem Gebüsch schoben. Dann hörten sie ein Jaulen, fast ein Fauchen. „Da, schau mal!" Theo zeigte auf den Platz vor der Garage. Dort flackerte nun durch den Bewegungsmelder aktiviert das Außenlicht auf und erleuchtete den Weg. Doch der Geist, den sie nun tatsächlich zu Gesicht bekamen, hatte vier Pfoten und einen dicken Bauch und war eindeutig ein Tier. „Da, noch eins", sagte Julia aufgeregt. Dann wurde plötzlich die Tür hinter ihnen aufgerissen und Mama zog sie schnell ins Zimmer.

„Was macht ihr da?", wollte sie wissen. „Ihr werdet euch da draußen bei dem Wetter nur erkälten!"

„Da war was", sagte Julia und versuchte, einen Blick durch die Scheibe zu erhaschen. „Rauhnachtsgeister", flüsterte Theo bewundernd.

Mama sah die beiden zweifelnd an und schaute nun selbst in Richtung Garageneinfahrt, in der der Bewegungsmelder immer wieder ansprang. „Waschbären!", stellte sie klar. „Das sind keine Geister, das sind Waschbären. Ihr habt wirklich an Geister geglaubt?" Sie musterte ihre Kinder ungläubig. „Wie kommt ihr nur auf solche Ideen? Ich dachte, wir hätten euch klargemacht, dass es keine Geister gibt?"

Und da die Zwillinge sie immer noch zweifelnd anschauten, holte Mama ihre Kamera und schoss ein paar Bilder, die sie ihnen vergrößert zeigte. „Hier, schaut: Waschbären, alles klar? Keine Geister."

„Rauhnachtsgeister sollen doch Glück bringen", murmelte Theo sichtlich enttäuscht. „Und Glück kann man doch immer brauchen. Für die Mathematikarbeit und so."

Mama strich ihm liebevoll über den Kopf. „Du brauchst kein Glück für die Mathematikarbeit, mein Schatz", sagte sie sanft. „Du bist super in Mathematik, das schaffst du auch so. Und für alles andere reicht das Glück, das wir ohnehin schon haben. Wir haben uns, wir sind gesund und munter. Mehr Glück können mir auch keine Rauhnachtsgeister bescheren", lächelte sie.

8. Der Fluch der sprechenden Tiere und wie man ihm entkommt

Irgendwann, irgendwo lebte ein Bauer auf einem bescheidenen Bauernhof am Rande eines abgelegenen Dorfes. Es war die Zeit der Rauhnächte und es war so kalt, dass der nahe Bach fast vollständig zugefroren war. Der Wind pfiff eisig um jede Ecke und Schnee lag in der Luft. Die wenigen Händler, die im Winter herumzogen und ihre Waren feilboten, würden erst wieder im neuen Jahr im Dorf Halt machen, und auf den Feldern gab es auch nichts zu tun. Die Menschen beschäftigten sich in ihren Häusern, putzten und tratschten. Die meisten Gespräche drehten sich, wie sollte es auch anders sein, um die dunklen Geschichten, die man sich über die Rauhnächte erzählte. Man sprach davon leise und hinter vorgehaltener Hand, denn als gute Christenmenschen glaubten die Dorfbewohner so etwas natürlich nicht. Bauer Heinrich und seine Frau Clara hielten es genauso. Tagsüber besserte Heinrich in den Ställen die Futterkrippen aus und versorgte die Tiere, während Clara im Haus herumwerkelte. Die wenigen hellen Stunden des Tages vergingen wie im Flug, sobald die Dunkelheit hereinbrach, wagte man sich besser nicht mehr vor die Tür. Des Nachts, so hieß es, war es draußen nicht sicher. Nicht nur, dass es oft zu heftigen Winterstürmen kam, bei denen Bäume entwurzelt oder sogar marode Dächer weggefegt wurden, viele im Dorf behaupteten zudem, dass das Stürmen nur der Vorbote der Wilden Jagd sei, die in den Winternächten zwischen den Jahren eine zügellose Ausfahrt der verlorenen Seelen hielt. Es rankten sich viele Mythen darum und kaum jemand wusste, woher sie stammten oder wie lange sie schon in den Köpfen der Menschen herumspukten. Dem alten Bauern indes waren derartige Gedanken fremd. „Ich muss nicht wissen, woher die Bräuche kommen, sie sind da und wir sind gut beraten, sie zu bedenken", pflegte er stets zu sagen. Und Clara konnte ihm da nur beipflichten. Ihre Tochter Antonia war fast schon im heiratsfähigen Alter. Sie stickte oben in ihrem Kämmerlein an ihrer Aussteuer. Antonia zog sich gern früh zurück und beobachtete die Wetterkapriolen vom Dachfenster aus. Als das Unwetter zunahm, gesellte sie sich zu ihren Eltern und ging ihrer Mutter zur Hand. Heinrich schloss gerade für einen Moment die Augen, als die Geräusche ihn aufschreckten. Der Sturm rüttelte heftig am Hoftor. Mit einem Schlag war er wieder hellwach. Unruhig schaute er nach draußen, wo der Wind weiter auffrischte.

„Bleib drin, es ist schon dunkel, Papa", mahnte Antonia. Heinrich nickte, doch die Unruhe nagte an ihm und er begann, im Zimmer auf und ab zu laufen. Draußen riss für einen Moment die Wolkendecke auf und der Mond schien so hell, dass der Hof gut erleuchtet war. Heinrich sah die Bäume sich heftig unter der Gewalt des Sturmes biegen, ganze Äste flogen wie von einer unsichtbaren Hand geschleudert quer über den Hof. „Setz dich, du kannst nichts ausrichten", sagte nun auch Clara, doch das Krachen wurde lauter, immer größere Äste gaben den Widerstand gegen den Wintersturm auf und flogen nun ebenfalls in hohem Bogen auf Haus und Stall zu. Zum Wind gesellte sich heftiger Hagel. Ein lautes Krachen ließ das Bauernpaar zusammenzucken. Heinrich war nicht mehr zu halten, er riss die Haustür auf und stemmte sich gegen den Sturm.

„Der Stall wurde getroffen, ich muss nach den Tieren sehen!",
schrie er gegen das Tosen an. „Nein!", schrie Clara zurück und
gemeinsam mit Antonia zerrte sie ihn ins Haus zurück.
„Bist du von allen guten Geistern verlassen!", schrie sie. „Du
kannst nicht nachts in den Stall! Du weißt doch, was die Leute
sich erzählen."
Heinrich grummelte: „Ja, ja, dass die Tiere zu sprechen an-
fangen und jeder auf der Stelle tot umfällt, der sie reden hört.
Ich weiß. Aber der Stall, Clara! Ich muss nachsehen. Wenn den
Tieren etwas passiert …"
Clara schluckte. Die Tiere waren ihr wertvollster Besitz. Vier
Kühe, zwei Bullen, sechs Schweine und eine gute Schar Hüh-
ner. Dazu der alte Gaul, den Heinrich hegte und pflegte und
der ihm auf dem Acker gute Dienste leistete.
„Warte!", rief Antonia und rannte die Stufen zu ihrem Kämmerlein nach oben. Kurz darauf kam sie mit ihrem Stickgarn
zurück. Sie knäuelte den Faden zusammen, bis ein Wollbällchen entstand. „Was hast du vor?", fragte Clara, während
Heinrich hin- und hergerissen zwischen Furcht und Sorge den
Blick nicht von den vom Sturm herumgewirbelten Ästen abwenden konnte.
Clara sah, wie ihre Tochter das Wollbällchen vorsichtig mit
dem heißen Wachs der Kerze beträufelte. „Wenn du dir damit
die Ohren verstopfst, dann hörst du nichts, Papa", sagte sie
dabei und Clara nickte ihr lächelnd zu. Was hatte sie doch für
ein kluges Mädchen. Heinrich drehte sich zu den beiden um
und überlegte nicht lange. Er nahm sich das wachsgetränk-
te Wollbällchen, drückte es sich mit den Fingern zurecht und
wartete, bis es etwas abgekühlt war, dann verschloss er damit
sein rechtes Ohr. Clara hatte sich indes das zweite Bällchen
gegriffen, das Antonia fix aufgedreht und mit Wachs beträu-
felt hatte, und reichte es ihm. Heinrich verschloss damit nun
auch das linke Ohr. Antonia hatte recht, er hörte kein ein-

ziges Geräusch mehr. Nicht den Sturm, nicht das, was Frau und Tochter gerade sagten. Er sah nur, wie sich ihre Lippen bewegten, doch kein Ton erreichte ihn mehr. So ausgerüstet stemmte er sich dem Sturm entgegen und arbeitete sich Meter um Meter zum Stall vor. Die Stille, die ihn nun umgab, war geradezu unheimlich, beklemmend und angsteinflößend. Ohne Gehör war er ganz auf seine anderen Sinne zurückgeworfen, die ihm bei der Dunkelheit nur wenig hilfreich vorkamen. Schnell wich er den Ästen und einem herumfliegenden hölzernen Futtertrog aus. So sah Heinrich auch erst, als er am Stall angekommen war, wie heftig der Sturm am Stalltor rüttelte. An der linken Seite war das Tor schon fast ganz aus der Angel gerissen, Holzplanken schlugen lose gegen die Wand, nur hören konnte Heinrich von alledem nichts. Mit aller möglichen Vorsicht öffnete Heinrich das Tor. Im Stall herrschte helle Aufregung: Die Hühner flatterten aufgeregt durcheinander, ihr Geschrei konnte sich Heinrich lebhaft vorstellen, er hörte es jedoch nicht. Ihre Schnäbel bewegten sich – kreischten oder sprachen sie? Heinrich wusste es nicht zu sagen. Auch seine Schweine sausten hektisch im Stall hin und her, eines rannte Heinrich dabei fast um, er konnte es sich im letzten Moment noch greifen, bevor es durch das lädierte Stalltor entwischen konnte. „Komm schon", brummte Heinrich und zerrte es in den hinteren Teil des Stalles, wo er die restlichen Schweine ebenfalls hintrieb, dann schloss er ein Zwischengatter, das er sonst offenstehen ließ, damit seine Tiere gerade jetzt in der Winterzeit, wo sie nicht nach draußen konnten, wenigstens etwas Bewegung hatten. Doch genau die galt es nun einzuschränken. Den Schweinen gefiel das natürlich weniger, also stellte er sie mit einer Extraration Futter zufrieden. Die Kosten dafür waren viel leichter zu verkraften als der Verlust eines Tieres. Weiter links hatte die Aufregung auch die Kühe erfasst, die ihre Köpfe hoben und senkten, doch auch ihr mutmaßliches

Muhen blieb von Heinrich ungehört. Sie schaukelten fast synchron hin und her, scharrten mit den Hufen und waren sichtlich unruhig. Einzig sein alter Gaul stand vor seinem Futtertrog, still und friedlich, als ginge ihn die ganze Aufregung um ihn herum nichts an. Heinrich trat zu ihm und strich ihm über die Mähne. „Guter Junge, brav", lobte er. Er sah, wie der Gaul den Kopf hob und heißer Atem aus seinen Nüstern entwich. Sein Maul bewegte sich. Sprach er etwa? Nein, schalt sich Heinrich innerlich. Auf was für Ideen er aber auch kam. Dann machte er sich daran, den entstandenen Schaden zu reparieren. Die Äste schienen das Dach zwar getroffen, jedoch nicht ernsthaft beschädigt zu haben, also kümmerte er sich um die losen Planken an der Tür. Erst im letzten Moment sah er, dass sich ein paar Hühner durch ihr Gatter gezwängt hatten und nun an ihm vorbei nach draußen entwischt waren. Der Wind hatte die Wolken weitergeschoben, sodass der Hof nun wieder im hellen Schein des Vollmonds gut ausgeleuchtet war und Heinrich die beiden Hühner mühelos erkennen konnte. Leise fluchte Heinrich vor sich hin. Er richtete das Tor, hängte es wieder in die Angel und stemmte sich erneut auf dem Hof gegen den Sturm, um die beiden getürmten Hühner wieder einzufangen. Nicht auszudenken, wenn ein Fuchs sie reißen würde, auch wenn er diesen bei dem Wetter eher in seinem sicheren Bau vermutete. Doch wie jeder andere Wintersturm würde auch dieses Unwetter vorübergehen und dann wären seine Hühner schnell leichte Beute. Die beiden Hennen machten es Heinrich nicht leicht, er brauchte mehrere Anläufe, bis er sie wieder sicher im Stall untergebracht hatte. Erst dann kämpfte er sich zurück zum Haus.

Clara und Antonia empfingen ihn mit einer warmen Decke und einer Tasse dampfenden Tees. Erst als er ihre fragenden Blicke sah, gepaart mit den sich bewegenden Lippen, merkte er, dass die Wachsbällchen ihm noch immer die Ohren verschlossen. Mit klammen Fingern befreite er sich von ihnen.

„Sie haben gute Dienste getan", sagte er und nickte seiner Tochter anerkennend zu. „Die Tiere sind sicher, der Stall ist in Ordnung, der größte Schaden wohl abgewendet", stellte er fest. „Und nein, ich habe kein Tier sprechen hören, wirklich nicht."

Gebannt schauten sie alle nach draußen.

„Der Sturm lässt nach", sagte Antonia nach einer ganzen Weile. Und richtig, die Bäume wurden zwar immer noch hin und her geworfen, aber nicht mehr so heftig wie zuvor. Und auch Äste brachen nicht mehr ab. So langsam kehrte wieder Ruhe ein auf dem Bauernhof. Später, als Heinrich zu Bett ging, hatte der Wind noch weiter nachgelassen, und er sah einen Fuchs umherschleichen. Mit dem guten Gefühl, seine Hühner in Sicherheit zu wissen, schlief er ein.

Am nächsten Morgen wurde jedoch auf den Höfen der Umgebung das ganze Ausmaß der Schäden sichtbar. Heinrichs Scheunendach hatte es auch erwischt. Er würde ein paar Tage brauchen, um alles zu reparieren. Seinem unmittelbaren Nachbarn war es indes viel schlimmer ergangen. „Das Stalltor ist aus den Angeln gerissen worden und all meine Tiere sind entlaufen", klagte er. Heinrich schickte sich an, ihm bei der Suche zu helfen. Und ihm bei der Gelegenheit auch von Antonias grandioser Idee mit den Wachsbällchen zu erzählen. Schließlich musste man in diesen Tagen noch mehr als sonst zusammenhalten.

9. Die unheimliche Magie
des Waldes

Die Fahrt ins verschneite Alpenvorland dauerte schon viel länger, als es Laura lieb war. Ihr Freund Benedikt saß am Steuer und fädelte sich umsichtig rechts in die Abbiegerspur auf der viel zu vollen Autobahn. Viereinhalb Stunden waren sie schon unterwegs und ein Ende nicht absehbar. Dabei wollten sie nur Benedikts Patentante Käthe einen nachweihnachtlichen Besuch abstatten.

„Sie freut sich immer so, wenn wir sie zusammen besuchen", sagte Benedikt wie aus dem Nichts heraus und schaute Laura lächelnd von der Seite an. „Sie mag dich."

Laura musste schmunzeln. Benedikts Patentante war ein Kaliber für sich. Stolze 74 Jahre alt, aber kein bisschen gebrechlich. Und mit so manchen ihrer Ansichten war sie in den frühen Siebzigern stehen geblieben. Dabei wusste man bei ihr nie so genau, wie ernst sie etwas wirklich meinte, denn ihr linkes Auge zog sich ziemlich oft zu einem Augenzwinkern zusammen. Als sie vor einigen Tagen telefoniert und ihren Besuch angekündigt hatten, war einer ihrer ersten Sätze gewesen, dass sie sich vor den herumirrenden Rauhnachtsgeistern in Acht nehmen sollten. „Aber wenn ihr ganz mutig seid, dann macht doch einen Abstecher zu einem der magischen Orte im Wald, am Bach zum Beispiel, dort könnt ihr dann eure Chancen fürs nächste Jahr erfahren. Vielleicht kommt dann auch endlich die Einladung zu eurer Hochzeit", hatte sie noch gesagt und sich die Warnung nicht verkniffen, dass das nicht ganz ungefährlich sei. „Der Wald hat schon viele Menschen verschluckt", sagte sie und kicherte. Dank Skype sah Laura, wie zudem ihr linkes Auge zuckte.

„Sie ist eben, wie sie ist", sagte Benedikt hinterher und deutete auf Lauras Ring. „Wir sind schon zwei Jahre verlobt. Einen Termin für die Hochzeit könnten wir wirklich bald mal festlegen, oder?" Und während Laura sich daran erinnerte – Benedikt fuhr gerade noch rechtzeitig vor dem angekündigten Stau auf die Ausfahrt – kam ihr nicht zum ersten Mal der Gedanke, dass es Tante Käthe wohl vor allem darum ging, ihr Patenkind unter die Haube zu bringen. Und wenn sie ehrlich war, so ganz abgeneigt war sie gar nicht, endlich Nägel mit Köpfen zu machen.

Während sich Laura in romantische Gedanken verstieg, fluchte Benedikt neben ihr leise. „Dieses blöde Navi! Kannst du bitte mal …", sagte er und deutete auf den sich immer wieder aktualisierenden Bildschirm im Armaturenbrett. Laura drückte ein paar Knöpfe, doch das Gerät verweigerte nun ganz den Dienst. Fix kramte sie ihr Handy hervor und aktivierte den Routenplaner. Der führte sie auf die nahegelegene Bundesstraße und von dort immer weiter nach Süden. Sie erreichten die ersten Waldgebiete und waren ihrem Ziel schon zum Greifen nahe, als der Empfang schlechter wurde und schließlich ganz abbrach. Als wäre das nicht genug, ruckelte und röchelte der Motor plötzlich derart, dass Benedikt den Wagen auf einem abgelegenen Waldparkplatz zum Stehen bringen musste. Laura konnte gar nicht anders, als an gehässige Rauhnachtsgeister zu denken. Ihr Verlobter werkelte eine Weile im Motorraum herum, ohne Erfolg. „Die Batterie vielleicht oder was Elektronisches, keine Ahnung", gab er zu. „Ich ruf den Pannendienst", sagte er und kramte sein Handy hervor.

„Kein Empfang", brummte er und steckte das Teil wieder ein. Auch Lauras Handy zeigte nicht den kleinsten Balken, der auf ein Netz hindeutete.

„Ich kenn die Gegend halbwegs. Durch den Wald müssten es nur ein paar Kilometer bis zu Tante Käthes Haus sein", meinte Benedikt.

Laura sah ihn zweifelnd an. „Du willst laufen?", fragte sie ungläubig. „Bei dem Schnee? Und dunkel wird es auch bald."

„Hier sitzen bleiben können wir aber auch schlecht", sagte Benedikt. „Komm, wir schaffen das schon."

Missmutig stieg Laura aus und klappte den Kragen ihrer Steppjacke hoch. Der Wind pfiff ganz schön. Als Benedikt tatsächlich sein Gepäck schulterte und Richtung Wald loslief, stutzte sie. „Das ist jetzt nicht dein Ernst, oder?"

„Komm schon, ich finde den Weg, ganz bestimmt", sagte er und marschierte voran.

Mit einem ungüten Gefühl im Bauch folgte ihm seine Freundin. Von einem Weg konnte keine Rede sein, Benedikt orientierte sich offensichtlich einzig an der Himmelsrichtung. „Als Kind bin ich hier in den Wäldern öfters herumgestromert", erzählte er. Laura sah sich zweifelnd um und sagte: „Das sieht hier aber alles gleich aus." Benedikt ließ sich davon jedoch nicht aus der Ruhe bringen. Sie marschierten mit ihrem zum Glück nur leichten Gepäck eine ganze Weile querfeldein, und bei Laura verfestigte sich das Gefühl, dass ihr Schatz die Orientierung verloren hatte. Nur konnte er das wie immer natürlich nicht zugeben. In ihr stieg Ärger auf. Ständig musste er seinen Willen durchsetzen. Nach einer weiteren halben Stunde stolperte sie über eine vom Schnee verdeckte Wurzel und stürzte fast. Benedikt fing sie im letzten Moment auf. „Ärgere dich nicht", raunte er ihr ins Ohr, und Laura spürte, wie ihr Frust dahinschmolz. Sie blieb einen Moment lang stehen und lauschte in die Stille des Waldes hinein. Es rauschte und knackte von allen Seiten. Der Wind bewegte die Baumwipfel und verfing sich im Unterholz. „Tante Käthe würde sagen, die Wilde Jagd bereitet sich auf einen Angriff vor", lachte Benedikt. Laura fand das gar nicht komisch. „Ein bisschen unheimlich ist

es aber schon", sagte sie und wunderte sich, wie leise ihre Stimme dabei klang. „Hörst du das? Da plätschert doch was?" Benedikt sah sich um. „Also der kleine Bach ist eigentlich auf der anderen Seite", meinte er dann.

„Und was ist das dann?", hakte Laura nach.

„Keine Ahnung, aber bestimmt nichts Gefährliches", versicherte er ihr. Laura war sich da nicht so sicher. „Und wenn wir uns verlaufen haben?", fragte sie zaghaft.

„Wir haben uns nicht verlaufen", behauptete Benedikt. „Tante Käthes Haus ist dort hinten irgendwo. Wir müssen nur noch den Wald durchqueren, das ist eine Abkürzung, die Straße geht drum herum, mit vielen Schleifen und Kurven. Hier durch den Wald nehmen wir praktisch den direkten Weg, Luftlinie sozusagen, nur halt am Boden."

Laura stolperte weiter hinter Benedikt her, der sich seiner Sache immer noch sicher war. Sie erklommen einen kleinen Hügel, auf dem er abrupt stehen blieb.

„Was ist?", fragte Laura. „Oh, ein Bach."

Benedikt warf ihr einen vernichtenden Blick zu und sie verkniff sich eine bitterböse Bemerkung über seinen Orientierungssinn. Stattdessen schaute sie sich um. „Sieh doch mal", sagte sie und deutete auf eine große Eiche ein gutes Stückchen entfernt von ihnen. „Das sieht so aus, als hätte Frau Holle direkt darüber ihre Kissen ausgeschüttelt."

„Stimmt", gab Benedikt nun schon wieder lächelnd zu. „Wusstest du, dass Frau Holle streng genommen auch eine Rauhnachtsfigur ist? Nur mit Schnee hat sie recht wenig zu tun. Eher was mit fleißigen Mägden und so. Tante Käthe hat mir das mal erzählt."

„Wir können sie ja nachher fragen", sagte Laura. „Irgendwann kommen wir aus diesem Wald schon wieder raus. Und nein, ich will mich jetzt nicht an die anderen Spukgeschichten erinnern, die sie sonst noch erzählt hat. Auch nicht daran, dass der Wald Menschen verschluckt."

„Der Wald verschluckt keine Menschen", sagte Benedikt bestimmt. „Wenn hier früher mal Leute verschwunden sind, haben die sich bestimmt einfach nur verlaufen."

„So wie wir?", kicherte Laura. Zum ersten Mal widersprach Benedikt nicht.

„Und nun?", fragte Laura. Hier auf dem Hügel frischte der Wind weiter auf und es rieselten kleine feine Schneeflöckchen vom Himmel. Kälter wurde es auch.

„Also früher musste ich mich nur am Bach orientieren und dann war es ganz leicht, zum Haus von Tante Käthe zurückzufinden", sagte er. „Blöd nur, dass ich nicht mehr weiß, in welche Richtung wir jetzt gehen müssen."

Laura hatte es befürchtet, aber da sich Benedikt einsichtig zeigte, bohrte sie nicht weiter in der Wunde. Seinen Orientierungssinn hielt er für unschlagbar, auch wenn sie längst wusste, dass man dem besser nicht trauen sollte. Ihm verdankte sie im letzten Jahr unter anderem eine unfreiwillig lange Besichtigungstour durch Rom, bei der sie alles Mögliche auf der Suche nach dem Rückweg zum Hotel erkundet hatten.

Benedikt kletterte den Hügel auf der anderen Seite hinab und schaute angestrengt den Bachlauf entlang. „Irgendwo sind die Reste einer Mühle und an der müssen wir vorbei", erklärte er.

„Wenn der Bach nach links fließt und die Mühle nicht direkt am Waldrand steht, dann sollten wir vielleicht nach rechts gehen?", schlug sie vor, als sie neben Benedikt trat. Der überlegte nur kurz. „Einverstanden", sagte er. „Dann bin ich wenigstens nicht schuld, wenn wir uns verlaufen."

Laura atmete tief durch, der Kerl war einfach unverbesserlich. Sie hielten sich am Bachufer und marschierten eine ganze Weile bachaufwärts. Nach zwei weiteren Biegungen erkannten sie die Reste eines verfallenen Gebäudes am Bachufer. „Schau mal, die Mühle!", freute sich Benedikt. „Jetzt weiß ich, wo wir sind!"

Er zog Laura nun schneller hinter sich her. „Es ist schon viel zu dunkel", murmelte er. Die Dämmerung war längst hereingebrochen und es würde nicht mehr lange dauern, bis es vollkommen dunkel sein würde. Laura beschloss, die Umgebungsgeräusche weitestgehend zu ignorieren. Es knackte rechts und links und mehr als einmal fragte sie sich, was genau da gerade durchs Unterholz huschte. Andererseits wollte sie es so genau lieber auch nicht wissen. Dafür konnte sie sich nun ganz genau vorstellen, wie die ganzen Gruselgeschichten, die Tante Käthe so gern über die Rauhnächte im Wald erzählte, zustande gekommen waren. Viel Fantasie brauchte es dafür eigentlich nicht. Nach einer gefühlten Ewigkeit lichtete sich der Wald langsam. Sie sahen eine Wiese und auch wieder einen richtigen Weg, der sie nach links führte. „Hinter der nächsten Biegung ist das Haus von Tante Käthe", behauptete Benedikt. Zum Glück lag er dieses Mal richtig. Schon bald sahen sie das alte Bauernhaus der Patentante im letzten Schein der Abenddämmerung. Als sie es endlich erreichten, waren sie durchgefroren, aber auch sehr erleichtert.

„Was ist denn passiert?", wollte Tante Käthe wissen, als sie sie ins Haus gelassen hatte. „Ihr kommt zu Fuß? Wolltet ihr noch einen Waldspaziergang machen, um dem Schicksal auf den Grund zu gehen?" Sie warf ihnen einen strengen Blick zu. „Kinder, das sind alte Legenden, die erzählen wir uns hier in der Gegend. Die eignen sich nicht zum Nachmachen. Auch heute noch kann man sich im Wald verirren oder hinfallen und sich verletzen", belehrte sie die beiden. Benedikt öffnete den Mund, schloss ihn aber wieder, ohne ein Wort gesagt zu haben. Er überließ es Laura, Tante Käthe die Umstände zu erklären. Die hörte sich alles an und bewirtete sie dabei ausgiebig.

„Aber eines habt ihr doch gelernt", stellte sie dann fest. „Ihr ergänzt euch wunderbar und haltet auch zusammen, wenn es mal schwierig wird. Das sind die allerbesten Voraussetzungen für ein langes, gemeinsames Leben."

Benedikt nickte und warf Laura einen liebevollen Blick zu. „Wir sind schon dabei, ein passendes Hochzeitsdatum zu finden", sagte er. Und Laura widersprach nicht. Der Gedanke fühlte sich wirklich schön an.

Sie verbrachten einen wunderbaren Abend und Tante Käthe gab noch die eine oder andere gruselige Rauhnachtsgeschichte zum Besten, sodass Laura gar nicht an den Rückweg am nächsten Tag denken wollte.

Der verlief dann reibungsloser als gedacht, denn Tante Käthe, deren Festnetztelefon hervorragend funktionierte, beorderte kurzerhand ihren Nachbarn zu sich, der Benedikt und Laura mit seinem Wagen zu ihrem Auto brachte. Praktischerweise war er sogar Automechaniker und hatte ein Starthilfekabel dabei.

„Versuch's mal", sagte er zu Benedikt. Der setzte sich hinters Steuer und startete den Wagen problemlos. „War sicher nur ein Wackelkontakt in der Elektronik. Gib den Wagen am besten bald in deine Werkstatt", riet er ihm zum Abschied.

Als Laura sich neben Benedikt setzte, kam ihr wieder der Gedanke, dass hier möglicherweise doch ein paar Rauhnachtsgeister ihre Finger im Spiel gehabt hatten. So viele Zufälle auf einmal gab es doch gar nicht, oder?

10. Wenn sich das Schicksalsrad dreht

Irgendwann, irgendwo am Rande hoher Berge und am Ufer eines kleinen Baches inmitten von Wäldern lebten die Menschen friedlich und durchaus gottesfürchtig ein einfaches, bescheidenes Leben. Sie hatten mit ihren Feldern ihr Auskommen und nutzten die Wintermonate für die nötigen Reparaturen. Aberglaube war ihnen eigentlich fremd, doch in der Zeit der Rauhnächte besannen auch sie sich der alten Überlieferungen über unheimliche Sagengestalten, die strenge Frau Perchta und die Wilde Jagd, die durch die Dörfer fegt und jede Seele, die ihr nicht schnell genug aus dem Weg springen kann, auf immer und ewig mit sich reißt. Die Welt war eine andere in diesen Tagen, und die meisten Menschen waren überaus vorsichtig.

Doch wie überall so gab es auch hier einige, die nicht auf die Alten hören wollten und die warnenden Überlieferungen achtlos in den Wind schlugen. Urs, Reinhold und Josef waren von diesem Schlag. Die Zeit der Rauhnächte war kalt, dunkel und von wenig Betriebsamkeit geprägt. Die freien Abende versüßten sie sich gern mit einem Kartenspiel im Wirtshaus, da schreckten sie auch mahnende Worte nicht.

„Wer in den Rauhnächten Karten spielt, dem drohen unheimliche Begegnungen", warnte Hiltrud ihren Mann Josef.

„Ach, Frau, unke doch nicht immer", fegte er ihren Einwand vom Tisch und machte sich zu Fuß auf den Weg ins Wirtshaus im Dorf. Den Wagen hatte er stehen lassen. Er wollte Hiltrud nicht weiter beunruhigen. Denn dass sich in diesen Tagen das

Schicksalsrad erbarmungslos drehte und man deshalb besser kein Rad bewegen sollte, wollte man kein schreckliches Unheil heraufbeschwören, war eine ihrer häufigsten Warnungen. Und Hiltrud warnte vor vielem. Ja, seine Hiltrud war schon sehr im Aberglauben gefangen, fand Josef, doch er hütete sich davor, das auszusprechen. Unfrieden im eigenen Heim war das Letzte, was er heraufbeschwören wollte, waren sie doch sonst ziemlich zufrieden miteinander. Kein Zank, kein Streit, kein böses Blut – mit seiner Hiltrud hatte er schon einen guten Fang gemacht. Und bei den meisten Vorbereitungen, wie dem Zubereiten der Räuchermischung für die Ställe und anschließendem Räuchern, ging er ihr ja zur Hand, beruhigte sich Josef auf dem langen Weg ins Dorf. Zu Fuß war er eine ganze Weile unterwegs. Immer am kleinen Bach entlang, der um diese Jahreszeit recht wenig Wasser führte, nach der Schneeschmelze würde das ganz anders aussehen. Dann weiter durchs nahe Wäldchen mit den hohen Eichen und Buchen bis hin zum Dorfrand, wo er auf Urs stieß. Der hatte sich tatsächlich mit einem Wagen ins Dorf gewagt.

„Mein Hof ist noch abgelegener als deiner", sagte Urs, als er Josefs Blick auffing. „Komm, steig auf!", verlangte er. Josef schüttelte den Kopf. Kartenspielen war eine Sache, aber das Schicksal herausfordern eine ganz andere. „Lass mal, mein Freund, wir sind ja gleich da." Insgeheim hoffte Josef, dass ihn der stämmige Bauer vom Hopfenberg nicht für einen Feigling hielt. Aber Urs ging auf seine Ablehnung nicht ein, stattdessen trieb er sein Gespann, das aus zwei stolzen Pferden bestand, langsam neben ihm her. Die beiden Braunen waren Urs' ganzer Stolz, er hegte und pflegte sie gut. Josef selbst hatte nur einen recht alten Gaul und drei Esel im Stall, aber sie genügten ihm auch. Vielleicht, überlegte er, wenn die Ernte gut ausfiel, konnte er ein weiteres, jüngeres und kräftigeres Pferd anschaffen.

„Ist deine Hiltrud auch am Putzen und Werkeln? Schrecklich dieser Aufwand, dabei könnte man doch mal alle Viere gerade

sein lassen, bevor die Plackerei wieder losgeht. Ist doch sowieso viel zu kalt und zu dunkel für alles. Ich glaub ja nicht an den ganzen Quatsch. Wilde Jagd? Pah, hat die jemals einer gesehen?" Urs grinste vor sich hin.

„Mein Großvater hat mir mal davon erzählt, als ich noch ein kleiner Bub war", gab Josef zu bedenken.

„Aber selbst erlebt hast du noch keine, oder?", hakte Urs nach.

Josef schüttelte den Kopf. „Nein, Gott bewahre, habe ich nicht." Vor dem Wirtshaus wurden sie schon von Reinhold erwartet, der ungeduldig von einem Bein aufs andere trat. Der Wind pfiff eisig, Sturm lag in der Luft. „Drin ist noch keiner", sagte Reinhold. Und da er niemand war, der sich allein ins Wirtshaus setzte, hatte er davor gewartet und gefroren, stellte Josef kopfschüttelnd fest. Er wäre hineingegangen und hätte mit dem Wirt einen Plausch gehalten. Man kannte sich im Ort praktisch von Geburt an, und Josef mochte den alten Wirt, der in seiner Erinnerung schon immer alt und Wirt des Wirtshauses gewesen war. Drin setzten sich die drei Männer an ihren Stammtisch und Urs packte die Karten aus, während der Wirt grinsend einen Bierkrug und drei Becher auf den Tisch stellte. „Ihr könnt es nicht lassen, was?", fragte er und schüttelte den Kopf.

Während die drei Männer in ihr Kartenspiel vertieft waren, füllte sich das Wirtshaus doch noch etwas. Arnim, ein Bauer aus dem Nachbardorf, gesellte sich zu ihnen und wusste zu berichten, dass ihr Wirt sein Wirtshaus über die Rauhnachtszeit schloss. Außer ihm wollte sich aber keiner an ihrem Kartenspiel beteiligen.

„Abergläubische Feiglinge!", spottete Urs. Dann und wann schepperte einer der Fensterläden, der Sturm hatte Fahrt aufgenommen. Nicht schön, aber auch nicht ungewöhnlich für diese Jahreszeit, wie alle wussten.

„Nur ein Sturm, keine verlorenen Seelen auf Rachefeldzug", scherzte Urs. „Aber man kann sich gut ausmalen, dass das früher einige einfache Naturen für unheimlich hielten und sich so dieser Aberglaube entwickelte."

„Das ist kein Aberglaube", protestierte ein Mann vom Nebentisch, der Urs' Worte gehört hatte. „Die Urgroßtante meiner Schwiegermutter hat mal selbst erlebt, wie die Wilde Jagd durch ihr Dorf fuhr. Und alle schwören, dass sie danach nie mehr dieselbe war."

Der Sturm draußen wurde heftiger, rüttelte an Bäumen und an Urs' abgestelltem Wagen. Das Wiehern der Pferde drang bis in die Gaststube.

„Der Sturm ängstigt sie", brummte Urs. „Pferde sind wunderbar, aber auch entsetzlich leicht scheu zu machen. Ich glaube, ich mache mich besser los, bevor sie noch völlig durchgehen und ich sie verliere."

„Ja, lasst uns Schluss machen für heute", sagte Josef. „Es fängt nun auch noch an zu regnen und wir müssen schließlich zu Fuß nach Hause. Arnim, du kannst auch bis zu mir mitkommen und gehst einfach weiter, wenn der Sturm sich gelegt hat, falls du nicht bis zum Morgen bleiben willst", schlug Josef dem Bauern aus dem Nachbardorf vor. Arnim nahm sein Angebot gern an, und vor dem Wirtshaus verabschiedeten sie sich von Reinhold, dessen Hof am entgegengesetzten Ende des Dorfes lag. Urs war mit seinem Wagen schon aufgebrochen, als sich Josef und Arnim auf den Weg machten.

„Ich hätte ihn fragen sollen, ob er mich mitnimmt", ärgerte sich Arnim, als der Regen heftiger wurde und sich langsam in Hagel verwandelte. Als sie das Dorf verließen und den Waldrand erreichten, waren die beiden Männer bereits bis auf die Haut nass.

„Hiltrud hat ein schönes Feuer im Ofen gemacht, und heißer Kräutersud steht sicher auch schon auf dem Herd", sagte Josef. Hinter ihnen heulte der Wind auf und Josef hatte für einen Moment das Gefühl, als hätte ihn etwas an der Schulter berührt. Erschrocken fuhr er herum, doch niemand stand hinter ihm.

„Ich habe es auch gespürt", flüsterte Arnim heiser und schaute sich um.

„Komm, lass uns schnell weitergehen", sagte Josef und versuchte, seine Schritte zu beschleunigen. Sie waren am Bach angekommen, wo die Wiesen schon komplett durchnässt waren und ihnen der schlammige Untergrund das Fortkommen erschwerte.

„Schau mal!", rief Arnim und zeigte aufgeregt Richtung Waldrand. „Da steht doch jemand!"

Josef sah es auch. Zumindest für einen kurzen Moment. „Ein Reiter ohne Kopf? Das kann nicht sein! Unsere Sinne schwinden, los, beeilen wir uns besser", rief er und versuchte, noch ein wenig schneller voranzukommen.

„Mein Schuh!", stöhnte Arnim auf. Josef sah, dass der rechte Schuh seines Freundes im Schlamm stecken geblieben war und sich kaum lösen ließ. Arnim wand das Bein hin und her, Josef kauerte sich vor ihn und gemeinsam gelang es ihnen, den Schuh zu befreien. Gerade als sich Josef erhob, hörte er einen durchdringenden Schrei. Eine Frau? Hier? Jetzt? Er fuhr herum und schaute hektisch hin und her.

„Hier ist niemand", sagte Arnim mit zitternder Stimme. Sie hörten einen weiteren Schrei und dann noch einen, doch die Frau sahen sie nicht. „Wir müssen nachsehen!", verlangte Josef. „Wir können sie nicht hilflos zurücklassen."

Arnim nickte und gemeinsam rannten sie Richtung Waldrand und dann noch ein Stück in den Wald hinein. Immer den Schreien nach. Doch wenn sie meinten, gleich bei der schreienden Frau angekommen zu sein, kamen ihre Rufe, die eigentlich eine Art Kreischen waren, aus einer anderen Richtung.

„Uns foppen die Geister", sagte Josef keuchend. „Komm, hier ist niemand, wir sollten jetzt lieber schnell verschwinden."

Arnim hatte keine Einwände. Die beiden rannten so schnell sie konnten zurück zum schmalen Weg und von dort aus zum Hof von Josef. Schon von Weitem sah Josef, dass Hiltrud eine Kerze ins Fenster gestellt hatte, und später, als er näherkam, auch, dass sie in der Tür stand und sich, in ein warmes Wolltuch gehüllt, suchend umsah. Hatte sie die Schreie auch gehört?

„Dem Himmel sei Dank, du bist zurück!", seufzte sie erleichtert, als die beiden Männer das Haus erreichten. „Kommt rein und zieht die nassen Sachen aus. Ihr werdet euch sonst noch den Tod holen." Keiner der Männer widersprach. In warme Decken gehüllt saßen sie kurz darauf vor dem prasselnden Kaminfeuer. Während Josef sich beherrschte, konnte Arnim nicht an sich halten und berichtete Hiltrud in allen Einzelheiten von ihrem Heimweg. Der Reiter ohne Kopf, dass irgendetwas sie berührt hatte und schließlich die schreiende Frau im Wald.

„Die Rauhnachtsgeister haben euch gefoppt", sagte Hiltrud leise und ohne Vorwurf in der Stimme. „Ihr habt sie mit eurem Kartenspiel herausgefordert."

Arnim nickte bedächtig und Josef sagte: „Wir spielen erst nach den Rauhnächten wieder."

Dann begaben sie sich zur Ruhe.

Am nächsten Morgen war der Sturm vorbei, es war nicht mal mehr ein laues Lüftchen zu spüren, und Josef stellte erstaunt fest, dass er auch keine Schäden an Haus und Stall zu beklagen hatte. Noch bevor Arnim sich verabschieden konnte, kam Reinhold aufgeregt angelaufen. Er war ganz außer Puste wegen des langen Wegs.

„Habt ihr den Urs gesehen?", keuchte er.

Arnim und Josef sahen sich erstaunt an. „Er ist vor uns losgefahren", sagte Josef und verschwieg lieber, wie unheimlich ihr eigener Heimweg sich gestaltet hatte.

„Er ist nicht zu Hause angekommen, seinen Wagen hat sein Sohn vorhin im Wald gefunden, die Pferde sind wohl ausgebrochen, aber von Urs fehlt jede Spur."

Hiltrud, die neben ihnen stand, erbleichte. „Gut, dass du nicht auch noch den Wagen genommen hast", wisperte sie entsetzt.

Alle Männer des Dorfes und sogar des Nachbardorfes suchten nach Urs. Keiner konnte fassen, dass der stämmige Bauer einfach verschwunden war. Doch nach vielen Tagen mussten sie sich eingestehen, dass das Unmögliche geschehen war. Urs war verschwunden und blieb es. Und während einige aufgeklärte Gemüter unter den Bauern tapfer dagegenhielten und auf wilde Tiere oder einen tragischen Unfall verwiesen, der Urs in den Bach geschleudert haben könnte, sodass er mitgerissen worden sei, verbreiteten fahrende Händler recht schnell eine andere Geschichte. Sie berichteten vom Schicksalsrad, dass sich gedreht und das Urs herausgefordert hatte.

Urs tauchte nie wieder auf und seine Familie trauerte lange um ihn. Josef, Arnim und Reinhold mieden bis an ihr Lebensende in der Rauhnachtszeit das Kartenspiel, das Wagenfahren und sogar das Wirtshaus.

11. Silvesterkummer, Rauch, Knaller und Überraschungen

Als Florian an diesem Morgen die Augen aufschlug, wusste er, dass etwas anders werden musste. Das alte Jahr, das ihm so viele ungewollte Veränderungen beschert hatte, war praktisch vorbei. Während sich alle anderen auf eine tolle Silvesterparty vorbereiteten, schaffte er es endlich, auch die letzten beiden Umzugskartons auszupacken. Seit gut fünf Wochen wohnte er schon hier, doch vor diesen beiden Kisten war er bislang zurückgeschreckt. Sie enthielten alte Fotoalben und Erinnerungen an eine Zeit, in der alles noch leichter, bunter und schöner gewesen war. Manchmal konnte er es selbst kaum glauben, dass er noch im Januar in fröhlicher Runde seinen fünfzigsten Geburtstag gefeiert hatte. Noch mit seinen Eltern, denen es beiden allerdings schon nicht mehr gut ging. Er hatte sich bis zum Schluss um sie gekümmert, das Ende kam trotz aller warnenden Worte der Ärzte bei seinem Vater dann doch sehr überraschend. Ein Schlaganfall, im Krankenhaus ein zweiter, dann war leider nichts mehr zu machen. Und seine Mutter hatte den Verlust nach fast sechzig Jahren Ehe nicht verkraftet, nur vier Monate später folgte sie ihrem Mann. Daraufhin hatte Florian das Elternhaus verkauft und sich diese Wohnung hier genommen. Sie war hübsch: drei Zimmer, hell und mit hohen Decken. Das Arbeitszimmer, in dem er als freischaffender Architekt die meiste Zeit verbrachte, war von Anfang an perfekt eingerichtet gewesen. Und es war auch nicht so, dass er keine Freunde hätte, doch die waren alle mit ihren Familien beschäftigt, besonders um die Feiertage herum. Zu einer eigenen Familie hatte er es nicht gebracht, jedoch hatte er vor einigen Wochen eine nette Frau im Fitnessstudio kennengelernt. Und Florian gestand sich ein, dass er sich bei ihr durchaus Hoffnungen machte. Seufzend griff er nach dem ersten Fotoalbum mit Bildern aus seiner Kindheit. Er konnte gar nicht anders, als es durchzublättern. Die alten Schwarz-Weiß-Aufnahmen aus den Siebzigern weckten schöne Erinnerungen. Vor allem mit seinem Opa hatte ihn ein inniges Band verbunden. Sie waren zusammen durch die Wälder gestreift, er hatte ihm alles über Bäume, Pflanzen und Tiere beigebracht, was es da beizubringen gab, und ihm zudem alle möglichen Märchen, Sagen und Fabeln aufgetischt. Als kleiner Junge, so erinnerte er sich, hatte er diese Geschichten auch alle geglaubt. Später wusste er sie natürlich einzuordnen. Als er ein besonders schönes Foto von seinem Opa Helmut entdeckte, das ihn mit einem ganzen Arsenal an Stiften, Zetteln und einem tönernen Behältnis zeigte, musste Florian schmunzeln. Silvester bei den Großeltern hatte immer auch bedeutet, die alten Traditionen zu pflegen, an denen beide so sehr hingen, dass man es schon als praktizierten Aberglauben bezeichnen konnte. Andererseits, überlegte Florian, war es eben eine gute Familientradition gewesen, diesen letzten Tag im Jahr zum Rückblick und zur Verabschiedung von allem Alten zu nutzen. Er ließ die Kisten stehen und setzte sich mit dem Fotoalbum in der Hand aufs Sofa. Er wusste noch genau, wie er mit Opa damals all seine kleinen Sorgen, Nöte und Befürchtungen – zum Beispiel nicht in die Fußballmannschaft in der Grundschule aufgenommen zu werden – auf Zettelchen schrieb und sie dann mit der Gewissheit verbrannte, dass sie sich dadurch ebenso wie das Papier in Rauch auflösten. Selbst nach Opas Tod hatte er das noch eine Weile gemacht, bis es ihm als Teenager albern erschien. Heute sah er das freilich anders und

überlegte kurz. Was sprach eigentlich dagegen, seinen Kummer und seine Befürchtungen einfach zu verbrennen? Er sprang auf und kramte in dem Karton. Ziemlich weit unten stieß er auf die alte Feuerschale. Er hatte sie aufgehoben, und dass er sie nun in den Händen hielt, war doch ein Zeichen, oder?

Er beendete die Räumaktion und setzte sich mit einem Stapel Notizzettel an den Tisch. Er schrieb auf jeden Zettel eine Sache, die ihn beschäftigte, und füllte dann die Kräuterschale mit ein paar getrockneten Pfefferminzblättern und Nelken aus der Küche. Auch Kamillenblüten fanden sich, ebenso wie Zitronengras, das konnte auch nicht schaden. Opa hatte immer gesagt, er solle sich von seinem Gefühl leiten lassen, es gab dabei nichts falsch zu machen. Als er die Schale gut gefüllt hatte, suchte er sich einen Platz am Fenster und verbrannte ein Zettelchen nach dem anderen. Er wollte sich nicht mehr so viel fürchten – und ließ seine Angst in Rauch aufgehen. Die Befürchtung, nicht genug neue Aufträge zu bekommen, verpuffte im Qualm. Zettel für Zettel, Sorge um Sorge löste sich so in Nichts auf. Er hatte wirklich vergessen, wie gut sich das anfühlte, wie befreiend. Als er fertig war, stellte er Schale und Notizzettel beiseite und räumte die Kisten zügig aus. Jedes Bild und jedes Erinnerungsstück fand seinen neuen Platz in einem Regal oder einem Schrankfach. Die schönsten Fotos platzierte er auf dem kleinen Sideboard neben dem Sofa. Erst dann bemerkte er, wie viel Zeit vergangen war. Die letzten zehn Stunden des alten Jahres waren angebrochen. Sein Telefon klingelte. „Komm doch morgen früh zum Katerfrühstück vorbei", schlug sein bester Freund vor. „Marlene und ich sind heute Abend im Konzert und danach essen. Sie hat sich mal einen Silvesterabend nur zu zweit gewünscht, aber morgen können wir doch zusammen ins neue Jahr starten", erklärte Robert.

„Ich weiß nicht", meinte Florian zweifelnd. „Dazu muss ich durch die ganze Stadt fahren, die Straßen werden noch überall total vermüllt sein. Du weißt doch, dass die alle ihre Knaller-Reste liegen lassen. Da ruiniere ich mir vielleicht noch den Lack ...", gab er zu bedenken. Auch wenn er Robert nicht sehen konnte, wusste Florian, dass dieser gerade die Stirn krauszog und sich über seine Einwände ärgerte. „Sei doch nicht immer so behäbig und bequem", kritisierte Robert. Sie kannten sich seit der Grundschule, und Robert nahm ihm gegenüber kein Blatt vor den Mund. „Du musst auch mal raus, Spaß haben", sagte er. Doch wirklich begeistern konnte sich Florian für die Idee nicht. Er sage vage zu und wusste jetzt schon, dass er Robert am nächsten Morgen absagen würde.

Später, als alles aufgeräumt und das Geschirr abgewaschen war, krachten vor dem Fenster die ersten Raketen und Böller. Es wurde schon dunkel und er stellte sich vor, wie sich die meisten Leute wohl gerade auf die anstehenden Silvesterpartys einstimmten. Er hatte noch eine Flasche Sekt im Kühlschrank, die könnte er öffnen, überlegte er. Dann fiel sein Blick wieder auf die Notizzettel. Opa hatte früher immer gesagt, dass man die Rauhnachtsgeister auch um die Erfüllung von Wünschen bitten dürfe. Das Ritual war das gleiche: Wünsche auf Zettel schreiben und dann in Rauch aufgehen lassen. Er hatte das mal als Teenager probiert, als er ein Mofa haben wollte, es hatte aber nicht geklappt. Sein Vater hatte ihn damals dabei beobachtet – Opa war bereits verstorben – und ihm erklärt, dass sein Großvater das so sicher nicht gemeint habe. Es ginge mehr um nichtmaterielle Wünsche. Damit hatte diese Tradition für ihn schnell den Reiz verloren. Vielleicht weil er sich in dem Alter einfach noch nicht vorstellen konnte, dass es Wünsche gab, die man mit Geld nicht erfüllen konnte. Heute fielen ihm da so einige ein. Beherzt griff er nach den Zetteln und überlegte kurz. Ja, er wäre schon sehr gern viel spontaner und offener. Er schrieb es auf einen Zettel. Und weniger zögerlich wäre er auch gerne – der zweite Zettel. Auf weiteren notierte er Sachen wie „weniger grübeln" und „sich einfach an der Situation erfreuen können". Nachdem er neun Zettel beschriftet hatte, ging ihm auf, dass er wohl so einiges ändern könnte, wenn er nur wollte. Warum hatte er es bisher nicht gemacht? Vielleicht sollte er doch morgen früh zu Robert fahren? Plötzlich riss ihn laute Rockmusik und harsches Getrampel über ihm aus seinen ernsten Gedanken. Klar, das Nachbarpärchen von oben sah schon so aus, als ob es gern feiern würde, auch wenn er noch nicht die Gelegenheit gehabt hatte, die beiden richtig kennenzulernen. Sie waren sich bisher nur im Treppenhaus begegnet, Florian schätzte sie auf nur einige Jahre jünger als sich selbst. Kinder schienen sie nicht zu haben, zumindest keine, die noch bei ihnen lebten. Der Nachbar trug gern Lederhosen und war stark tätowiert. Florian ertappte sich dabei, dass spontan einige Vorurteile über solche Menschen in seinem Kopf auftauchten. Keine Vorurteile mehr zu haben, hatte er gerade als Wunsch notiert, also schob er diese Gedanken weg und versuchte, den Lärm auszublenden. Er konzentrierte sich auf den Rauch und das Verbrennen der Zettel und Kräuter, doch schon bald konnte er nichts mehr ignorieren. Die Bässe ließen die Scheiben der Vitrine erzittern und das Stimmengewirr wurde noch lauter. Er schloss die Augen und versuchte, ruhig zu bleiben. Die haben einfach nur Spaß, sagte er sich, auch wenn er am liebsten den Lärm gestoppt hätte. Plötzlich klingelte es an der Wohnungstür. Irritiert sah Florian auf. Er erwartete niemanden. Den meisten Freunden hatte er vorab per Handy Silvestergrüße zugeschickt und Robert glaubte, dass sie sich morgen Vormittag treffen würden. Es klingelte wieder und Florian erhob sich.

„Hi", grinste ihn der Nachbar aus der Wohnung über ihm an. „Ist wohl ganz schön laut. Feierst du allein? Willst du nicht lieber hochkommen? Wir haben Pizza, Wein und Bier und dann nervt dich das Getrampel vielleicht nicht so. Meine Frau hat den Teppich aus dem Wohnzimmer geräumt, weil sie nicht will, dass jemand draufkleckert, deshalb liegt nun das Parkett frei, was vermutlich noch lauter für dich ist", sagte er. Florian wusste gar nicht, wie er reagieren sollte. Dass ihn mal jemand spontan zu einer Party eingeladen hatte, war Jahrzehnte her. Noch dazu jemand, den er im Grunde nicht kannte. Sein Gegenüber warf ihm einen auffordernden Blick zu. „Also deine Jeans und das Shirt gehen als Partyoutfit locker durch", ermunterte er ihn. In Florian arbeitete es. Ein Teil wollte sofort ablehnen und überlegte schon, welche Worte er wählen sollte, um den Nachbarn nicht zu verletzen. Ein anderer Teil jedoch sagte ihm ganz deutlich, dass er doch einfach mitgehen sollte. Es konnte ja nicht viel passieren. Und zu seiner Überraschung merkte Florian, wie er nickte. „Ähm, danke, klar. Ich hol nur die Schlüssel", sagte er und griff sich noch schnell die Sektflasche aus dem Kühlschrank. „Mehr habe ich nicht da", entschuldigte er sich, als er dem Nachbarn nach oben folgte.

„Wir haben genug", versicherte der ihm. „Ich bin übrigens Pierre, und du?"

„Florian", stellte er sich vor.

Drin rauschten die vielen neuen Namen nur so an ihm vorbei und es dauerte nicht lange, da war er in ein anregendes Gespräch mit einem Gartenbauer verwickelt, dessen Hobby es war, Lederklamotten zu nähen. Florian merkte gar nicht, wie die Zeit verging, und als er in den frühen Morgenstunden des neuen Jahres wieder seine Wohnung betrat, in der es noch ganz leicht nach Pfefferminze und Kamillenblüten duftete, wusste er, dass der Anfang gemacht war. Oder wie Opa damals immer gesagt hatte: „Manchmal greifen die Rauhnachtsgeister auch auf Menschen zurück, wenn es um Sorgen und Wünsche geht." Da hatte Opa wohl goldrichtig gelegen, dachte Florian, und freute sich auf das Katerfrühstück mit Robert. Dieses Mal würde er auch etwas zu erzählen haben.

12. Frau Holle und
die fleißigen Spinnerinnen

Irgendwann, irgendwo lebte eine arme Witwe mit ihren drei Töchtern am Rande eines Dorfes in einem kleinen, windschiefen Haus. Ihr Name war Elisabeth und ihre drei Töchter trugen die schönen Namen Clara, Margarete und Charlotte. Elisabeths Mann Heinrich war schon viele Jahre tot und hatte als Knecht auf dem nahen Bauernhof gearbeitet. Elisabeth und ihre Mädchen verdienten sich den Lebensunterhalt mit Spinnen. Sie waren fleißig und spannen und zwirbelten Garn in Windeseile und hervorragender Qualität. Die Weberei im Nachbarort kaufte ihr Garn gern, trotzdem war es eine anstrengende und kräftezehrende Arbeit. Doch weder Elisabeth noch ihre Töchter beklagten sich darüber.

Trotzdem gestand sich Elisabeth oft ein, dass sie ihren Mädchen ein anderes Leben gewünscht hätte. Oder wenigstens dann und wann eine Freude zwischendurch. An Geschenke zum Geburtstag, wie sie neuerdings in Mode kamen, war nicht zu denken. Sie freute sich schon, wenn sie mal einen besonders schönen Knopf von einer Kundin bekam, mit dem sie dann die Kleider der Mädchen verzieren konnte. Neben den Spinnarbeiten war Elisabeth dazu übergegangen, das nicht verkaufte Garn selbst zu verweben. Der alte Webstuhl ihres verstorbenen Mannes tat noch gute Dienste. Sie hatte nicht erwartet, dass er nach all den Jahren, die er ungenutzt herumgestanden hatte, noch so gut funktionierte. Früher war ihr Mann derjenige gewesen, der Stoffe gewebt hatte. Elisabeth musste erst mühsam lernen, wie man den Webstuhl bediente. Muster zu weben, war das nächste Ziel, dass sie sich gesetzt hatte. Charlotte, ihre Jüngste, war inzwischen eine hervorragende Spinnerin geworden, und sie besaßen nur drei Spinnräder. Also konnte sie selbst sich jetzt ums Weben kümmern und so vielleicht künftig ein paar zusätzliche Taler verdienen. Und wer weiß, vielleicht konnte sie dann auch einmal ganz neues Linnen für ihre Töchter weben und ihnen aus dem Stoff bezaubernde Kleider schneidern? Nähen hatte Elisabeth von ihrer Mutter gelernt, die eine hervorragende Schneiderin gewesen war. Sie hatte ihr nicht nur die grundlegenden Dinge dieses Handwerks beigebracht, sondern sie auch das Sticken und Verzieren gelehrt. Eine Arbeit, die Elisabeth wirklich viel Freude bereitete. Noch kaufte die Weberei im Nachbarort das meiste Garn auf, dass sie auf ihren Spinnrädern spannen. Doch Elisabeth hatte Träume, die denen ihrer Töchter in nichts nachstanden. Während die Mädchen, ganz ihrem Alter geschuldet, von schönen Kleidern und glitzerndem Tand träumten, so hoffte Elisabeth auf höhere Einkünfte durch selbstgefertigte Stoffe. Auch wenn dann weniger für die Weberei übrig blieb, so lohnte es sich am Ende sicher doch. Und mehr Einnahmen waren bitter nötig. Das Dach musste dringend repariert werden, im letzten Sommer hatte sie schon bemerkt, dass einige Schindeln locker geworden waren. Das konnte schnell im Desaster enden, überlegte Elisabeth. Im schlimmsten Fall wurde das Dach undicht oder ein Wintersturm fegte es davon. Schnell schob sie diese düsteren Gedanken beiseite.

Bisher hatten sie Glück gehabt, und irgendwann, so hoffte sie, würde sie auch dafür eine Lösung finden. Und dann war ja da noch die Sache mit dem Pferd. Ihr alter Gaul war im November verendet, er hatte ein langes Pferdeleben gehabt und sie hatten ihn bestmöglich behandelt, nun fehlte er ihnen an allen Ecken und Enden. Denn sie mussten das Garn selbst in der Weberei abliefern, zu Fuß mit der Kiepe auf dem Rücken wurde die Last schnell schwer. Zudem war der Weg auch weit, denn der Nachbarort mit der Weberei lag einen halben Tagesmarsch entfernt. Mit dem Wagen war es viel leichter gewesen. Doch im Moment reichten ihre Einkünfte nicht einmal für einen Esel. Sie sparte sich die Überlegung, ob nun der Esel oder das Dach zuerst in Angriff genommen werden mussten, das war eine überflüssige Anstrengung, die erfahrungsgemäß zu nichts führte. Es lohnte sich nicht, über Dinge zu grübeln, die man nicht einmal in Aussicht hatte.

Nun war die Zeit der Rauhnächte angebrochen, die man in ihrer Gegend sehr ernst nahm und auf die man sich gut vorbereitete. Sie hatten zu viert das Haus nicht nur gründlich geputzt, sondern auch gut ausgeräuchert. Sogar den kleinen Hühnerstall, in dem ihre fünf Hennen und der Hahn lebten, hatten sie einbezogen. Auch wenn das Weihnachtsessen sehr spärlich ausgefallen war, so waren sie doch von Herzen dafür dankbar, dass es ihnen sonst gut ging und sie beisammen waren. Nun stand der Jahreswechsel bevor und Elisabeth überlegte, ob sie vielleicht doch ein Huhn schlachten sollte.

„Ach was, Mama", sagte Clara, die älteste ihrer Töchter und schon im heiratsfähigen Alter. „Wir hatten an Weihnachten ein Huhn, wir haben noch Mehl für gutes Brot und sogar noch Zucker und Hefe für einen Kuchen. Mehr als essen können wir auch nicht."

„Vielleicht kann ich ja dem Metzger aushelfen, der findet in diesen Tagen kaum einen Knecht, dann könnte er mich mit einem Stück Fleisch oder Wurst entlohnen?", bot Charlotte an. Sie war eben erst zwölf Jahre alt geworden, aber fleißig und geschickt wie ihre älteren Schwestern.

Als Elisabeth noch überlegte, was sie von dem Vorschlag ihrer Jüngsten halten sollte, klopfte es an ihre Tür.

„Wer kann das sein?", fragte Margarete. Ihre Mutter wandte sich zur Tür. „Das erfahren wir nur, wenn ich nachsehe", lächelte sie.

Vor der Tür stand eine alte Frau, schwer auf einen Stock gestützt und mit einem Bündel im Arm. „Verzeih, gute Frau, ich suche eine Unterkunft für die Nacht", sagte sie leise. „Ich habe gehört, dass in eurem Haus nur Frauen wohnen, da fühle ich mich sicher."

Ihr Gesicht war faltig, Elisabeth konnte ihr Alter nicht mal annähernd schätzen, doch sie war sich sicher, nie eine ältere Frau gesehen zu haben. Sie öffnete weit die Tür und sagte: „Komm herein, gute Frau. Ich kann dir nicht viel anbieten, aber ein sicheres Dach über dem Kopf und ein einfaches Mahl habe ich gern für dich."

Die alte Frau humpelte schwer auf ihren Stock gestützt in die Wohnstube, wo Clara ihr sofort den gemütlichsten Platz am Ofen anbot. „Hier ist es schön warm", sagte sie und half der alten Frau, sich zu setzen.

Elisabeth bereitete derweilen ein einfaches Mahl aus einer dünnen Suppe und etwas Brot für alle zu. Niemand beklagte sich, auch ihr Gast aß mit Appetit, und Elisabeth gestand sich ein, dass sie allen Grund hatte, stolz auf ihre drei wohlgeratenen Mädchen zu sein, sie waren nett und freundlich zu jedermann.

Nach dem Essen lud Elisabeth die alte Frau ein, sich zu ihnen zu setzen. Ihr kleines Haus verfügte nur über eine Wohnstube, eine Küche samt Vorratsraum und einen Schlafraum im Obergeschoss. „Ich werde dir nachher hier unten neben dem Ofen ein gemütliches Nachtlager bereiten, die Leiter nach oben ist sicher viel zu beschwerlich für dich", sagte sie. Die alte Frau schenkte ihr ein freundliches, fast zahnloses Lächeln. Dann sah Elisabeth, wie ihr Blick durch die Wohnstube wanderte. „Oh, ihr habt Spinnräder", sagte sie und ihre Augen leuchteten. „Ich liebe es zu spinnen. Das ist so beruhigend und man sieht am Ende des Tages auch, was man geschafft hat. Eine ehrliche und lohnende Arbeit."

Elisabeth nickte. „Ja, wir verdienen uns damit unseren Lebensunterhalt. Ich bin Witwe und wir besitzen kein Land. Die Spinnräder stammen noch von meiner Mutter und meinen Schwestern.

Wir halten sie in Ehren und nutzen sie täglich. Sie ernähren uns, auch wenn wir nicht reich sind, aber wir haben unser Auskommen."

„Fleißig und bescheiden, ja so sollten die Menschen sein", brummte die alte Frau. „Spinnt ihr auch in diesen Tagen?", fragte sie.

Elisabeth und die Mädchen schüttelten zeitgleich die Köpfe. „Nein, natürlich nicht", sagte Elisabeth. „Auch wenn du nicht aus unserer Gegend stammst, so weißt du doch sicher, dass sich in der Zeit der Rauhnächte kein Spinnrad drehen darf."

Die alte Frau nickte bedächtig. „So ist es überall Brauch in den Landen ringsumher. Und es ist ein guter Brauch. Ihr braucht ein wenig Ruhe, bevor nach dem Dreikönigstag sich das Jahresrad erneut dreht. Dann könnt ihr wieder fleißig sein wie zuvor. Aber jetzt nicht, niemand will das Schicksal herausfordern. Ihr haltet euch wohl genau an die alten Bräuche?"

Elisabeth nickte. „So ist es Tradition in unserem Ort." Die alte Frau lächelte zufrieden und als Clara ihr Tee nachschenkte und ein Stück Zucker hineintat, tätschelte sie ihr liebevoll die Hand.

Sie plauderten noch eine ganze Weile und Elisabeth und ihre Töchter erfuhren, dass man sich jenseits der Alpen nicht mehr viel um die alten Bräuche scherte.

„Das ist sehr schade", sagte Clara und bot der alten Frau noch einmal Tee an. Doch diese lehnte freundlich ab. „Ich werde jetzt ein Nickerchen machen. Schert euch nicht weiter um mich. Ich danke euch aus tiefstem Herzen, dass ihr mich so freundlich aufgenommen und euer Mahl mit mir geteilt habt. Ich habe die Zeit bei euch sehr genossen. Und wundert euch nicht, ich werde noch im Morgengrauen aufbrechen", sagte sie.

Sie wünschten einander eine gute Nacht und dann stiegen Elisabeth und ihre drei Töchter die schmale Leiter zum Schlafraum empor. Obwohl Elisabeth schon vor dem Morgengrauen erwachte, hörte sie die alte Frau nicht gehen. Auch keine Tür zuschlagen. Doch später, als der Hahn krähte und sie sich nach unten begab, sah sie, dass ihr Gast tatsächlich verschwunden war. Elisabeth bereitete das Frühstück zu, einen Haferbrei wie jeden Tag, als die Mädchen die Leiter herunterpolterten. Wie immer waren sie fröhlich und guten Mutes. Sie wollten sich gerade um den Tisch versammeln, als Charlotte aufgeregt zu den Spinnrädern lief. „Mama, schau doch mal, hier glänzt etwas!", rief sie. Schnell waren ihre Schwestern bei ihr und auch Elisabeth traute ihren Augen kaum: Da lagen vier goldene Spindeln mit goldenen Fäden umwickelt.

Clara wagte es als Erste, sie zu berühren.

„Frau Holle", flüsterte Margarete. „Mama? Glaubst du, dass unser Gast in Wirklichkeit Frau Holle war?"

Elisabeth schnürte der Anblick fast die Kehle zu und tausend Gedanken stürmten auf sie ein. Die Dachreparatur – kein Problem mehr! Ein neues Pferd – natürlich, gleich am nächsten Markttag. Und dann vielleicht sogar richtig viele bunte Knöpfe für die neuen Kleider der Mädchen. Ihr fehlten die Worte, um ihre Dankbarkeit auszudrücken. Vor Glück lachend und weinend lagen sich die Vier in den Armen.

„Frau Holle belohnt die Fleißigen und bestraft die Faulen", sagte Clara. „Das hat Oma doch immer gesagt."

Elisabeth nickte. Ja, ihre Mutter hatte daran fest geglaubt – und recht behalten. Sie nahm sich fest vor, eine der Spindeln für immer im Familienbesitz zu belassen. Als Erinnerung für die kommenden Generationen ihrer Familie, Frau Holle stets zu achten und niemals den Glauben an eine bessere Zukunft zu verlieren.